イラストでわかる

特性別

発達障害の子にはこう見えている

監修 小嶋悠紀

はじめに

「発達障害の子どもにも明るい未来が待っている」

いきなりそのようなことを言われて「その通りだ！」と大きく賛同していただける方はどのくらいいらっしゃるでしょうか。

お家にいる間は、大パニックになって叱り続ける日々、園や学校からやってくる「今日もこんなことがありました」という電話や連絡に落ち込む日々、インターネットやSNSに溢れる「5歳までにするべき〜」「手遅れにならないために家庭でできる〜」などの発達障害の各種情報に焦る日々、園や学校の先生方も「どうやったらこの子は変わるのだろう？」と葛藤を続ける日々…。

発達障害の子が大人になったとき、彼ら・彼女らが幸せに暮らしている未来は、渦中にいる親御さんや先生方には本当に想像しにくいと思います。

私はこれまで、たくさんの発達障害を持つ子たちを送り出してきました。全く集団に入れない子、落ち着きなく学習に取り組めない子、対人関係に不安感を持ちコミュニケーションの難しい子、二次障害を発生し暴力行動を続ける子…さまざまな発達障害の子供に出会ってきました。

今、振り返るとさまざまな年齢に到達した発達障害の子ども達の多くが、成長した姿を見せてくれています。成人となり、手に仕事を付け、私と居酒屋で酒を酌み交わしたADHDの男性もいます。当時、その子たちを目の前にした私の方針がありました。

はじめに

その子の「発達段階に合わせること」
その子の「特性に合わせること」
その子を『普通は〜』『〜年生はこうあるべき』といった大人の都合に合わせないこと

かつて特別支援教育というのは、「普通にいかに近づけるか」「その子の苦手な部分をいかに克服させるか」に焦点が当たっていたのです。「ADHDの対応は、こうあるべき」、「自閉の子供のこうあるべき」という、本に書かれたマニュアル的な対応に縛られていました。

20年前はそれでも良かったのです。しかし、発達障害の子供達の状態像が10年ほど前から大きく変わりました。そのような時に「いかに一人一人の特性に合わせていくか」ということが大切かを痛感したのです。私は「特別支援教育は個別のオーダーメイド」とその時から主張をしてきました。その主張の答えは、私が送り出し、大人となった発達障害の子ども達の姿が教えてくれていると思っています。

本書は、まさに「個別のオーダーメイド」を実現するための「特性別」の構成になっています。ぜひ、お子さんの「特性」に目を向けて明るい未来に向けて歩み出していただければと思います。

小嶋悠紀

イラストでわかる 特性別 発達障害の子にはこう見えている —— 目次

第1章 発達障害の子どもたち

目次

第1章

発達障害の子どもたち

発達障害の子ってどんな子？

その特性が生活に支障となるため「障害」といわれる

この本を手にしている人は、どんな人でしょうか。想像できるのは、まず実際に発達障害、またはそれが疑われる子どもと暮らしている親御さんでしょう。次に、学校などで働いていて、そのような特性を持つ子どもが自分の周囲にいるという人で、それ以外にも発達障害に興味を持って勉強している人なども含まれるかもしれません。

発達障害について書かれた書籍は、今やブームと言っていいくらいさまざまなものが数多く出版されています。新聞を読んでいても、発達障害やそれにまつわる記事を見かけることは珍しくなくなりました。では、発達障害は最近になって増えてきたということなのでしょうか。実際には、そうではありません。先天的に脳の機能に偏りが見られる発達障害の人は、昔から一定の割合で存在したと考えられています。ただ、昔は発達障害という概念自体がなかったので、そうした人は単に「わがまま」「変わり者」と思われたり、問題行動のために知的発達の遅れを伴う障害と誤解・誤診されたりして、生きづらさを抱えたまま暮らしていたと考えられるのです。

文部科学省が2022年12月に発表した調査結果では、普通学級に通っている小中学生の8・8%に発達障害の可能性があるとされています。実に1割近くということは、発達障害の特性を持つ子どもは決して珍しくない存在ということなのです。

「落ち着きなく動き回る」「こだわりが極端に強い」「知的発達に遅れがないのに学習の成果が上がらない」など、発達障害の特性は子どもによってさまざまですが、「障害」とされているのは、それらの特性が日常生活に支障を及ぼすことを意味しています。そしてそれは、脳の機能的な問題からくる先天的なもので、単なる「わがまま」や「性格的な問題」ではありません。

一方で、適切な支援によって日常生活での支障を軽減することができれば、「障害が障害でなくなる」可能性もあるのです。

大丈夫かしら…?
ギャー
もくもく
ドタバタ
こだわりが強く
夢中になりすぎる
じっとしていられない

しつけや愛情不足ではない、脳の機能障害

発達障害は治療すべき「病気」ではない

近年では、発達障害についてかなり研究が進んでいるのも確かですが、その原因などについては、実はまだよくわからないことばかりです。脳の働きに偏りがあるため、定型発達（発達障害のない）の子どもにくらべて行動やコミュニケーションや学習など、さまざまな能力に問題が生じると考えられていますが、ではなぜ脳の機能にそのような偏りが見られるのかというのは、まだ解明されていません。

ただ、発達障害というものが、脳の機能に偏りがあることによるひとつの「特性」であり、親のしつけや教育が間違っているとか、愛情が足りないとか、あるいは本人の性格的な問題が原因となっているということではありません。ましてや治療すべき「病気」などではないことも、はっきりしています。発達障害の特性は後天的な生育の環境によるものではなく、先天的なものなのです。

たとえば発達障害の典型のひとつにＡＤＨＤ（多動＆衝動性・不注意タイプ）がありますが、授業に集中できなかったり突発的・衝動的な行動をとりがちなＡＤＨＤの子どもは、前頭葉の前頭前

野の機能に問題があると考えられています。衝動性を抑える役割を果たしている前頭前野に何かしらの問題があるため、勉強など今やらなければならないことに対する集中が続かず、ほかのことに気を取られてしまう…などということが起きているのでは、と推測されるのです。

また、前頭前野は脳の各部分のさまざまな働きをバランスよく連携させる役割も持っています。ところが前頭前野の機能に何かしらの問題があると、それらの連携がうまくいきません。たとえばLD（学習障害）の子には、話すのはとても達者なのに、読み書きは極端に苦手…という子もいますが、それも前頭前野に問題があるためでは、と考えられています。そして、発達障害には前頭前野だけでなく、ほかにも大脳辺縁系や扁桃体など、脳のさまざまな部位の機能の不具合が影響していると考えられるのです。

大人になっても発達障害？

早い時期からの配慮や支援が肝心

発達障害と診断された子どものいる親御さんの中には、「自分たちの子どもは大人になってもこのままなのだろうか…？」「成長とともに『治る』ということはないのだろうか…？」と思っている人もいるかもしれません。

12ページで説明したとおり、発達障害というのは脳の機能に偏りがあることによる先天的な「特性」であり、成長に伴って自然に、あるいは特定の育て方などで治る、「病気」ではありません。しかし、子どもの頃に発達障害と診断がついて、その特性に配慮した対応を受けながら成長した場合、発達障害の特性からくる困りごとをカバーしながら長所を伸ばし、本人が生きづらさを感じにくい環境づくりや、本人の特性に合った仕事を見つけることなどで、発達障害を持ちながらそれを「障害」と感じずに済むような生活を送ることも、決して不可能ではないのです。

一方で、幼少期に発達障害であることが見落とされ、学校に進んだり社会に出たりしてから気付いた人たちのケースでは、学校や職場などで周囲の人たちとの関係がうまく築けず、転職を繰り返したり引きこもってしまったりする例も見られます（もちろん、大人になってから自分の特性と向き合い、社会に適応できている人も少なくありません）。

発達障害を持つ人が自分の特性をよく理解し、環境を整えたり、長所を伸ばして活躍できるようになるには、親や学校、職場など、周囲の理解、そして協力と支援が欠かせません。可能であれば早いうちから、周囲が発達障害の特性に配慮した支援を行えるのが望ましいでしょう。

ひと口に発達障害と言っても、どのような特性が目立つかは人によってさまざまです。次のページからは、発達障害のタイプをわかりやすく説明していきます。「もしかして…？」と思い当たるところもあるかもしれません。是非参考にしてみてください。

分数の計算では
分母を〜
はい、ここノートに
書いて〜
聞かなきゃ
書かなきゃ
まだ
おわり
大人時代
子ども時代

ホワイトボードに
「未着手」と「終了」を分け
見える化すれば対策できる

ワーキングメモリーが弱いため
「同時にいろいろなことができない」
という特性も

多動&衝動性・不注意タイプ

ADHDには3つの症状がある

ADHD（Attention Deficit/Hyperactivity Disorder：注意欠如・多動症）は、脳の機能の偏りのため、主に「多動性」「不注意」「衝動性」という3種類の特性が見られる発達障害のタイプです。ただしそれらの特性のあらわれ方は人それぞれで、必ず3つの特性が見られるわけではありません。どれかひとつだけの症状が突出している子どももいますし、複数の特性がミックスしている子も多いのです。

落ち着きがなく動きが多い、大人にくらべ注意力がない、衝動的・突発的な行動が多い…というのは、子どもなら本来誰にでも見られることです。そのためADHDは幼少時に見過ごされてしまうことも多いのですが、医学的には同年齢の子どもにくらべて、それらの特性が問題になるほど強いレベルで、6ヵ月以上続けてあらわれる場合にADHDが疑われます。

ADHDの子どもは脳の前頭前野の働きが弱いため、行動を適切にコントロールするのが苦手です。周囲からは、「落ち着きなく動き回っていて教室の席に座っていられない」、「忘れ物やなくし物、漢字の間違いや計算ミスが度を越して多い」、「突然衝動的な行動をとることが続いて動きが読めない…」など、困った子どもと見られてしまいがちですが、それらは脳の機能の偏りによるものなので、本人の努力で改善することは困難です。不幸なことに、知的発達そのものには遅れが見られないＡＤＨＤの子どもには、自分でもそれらの特性をどうすることもできないのを感じていて、苦しんでいる子も多いのです。

ＡＤＨＤの特性を持つ子ども、特に不注意の特性が強く出ている子は、周囲に叱られることが多く、自信をなくしがちです。また、ＡＤＨＤの診断がつかないまま叱られ続けて育ち、大人になっても職場でミスを連発したりして、自己肯定感の低さに苦しむ人も少なくありません。親をはじめ、早くからの周囲の理解と、適切な支援が望まれます。

多動性
うろ
うろ
じっとしていられない
不注意
また…？
宿題
なくし物·忘れ物が
多すぎる
衝動性
やる～
ならんでるよ！
思ったことをすぐに行動に移すため
誤解されやすい

こだわりが強いタイプ

特性のあらわれ方は十人十色

ＡＳＤ（Autism Spectrum Disorder：自閉スペクトラム症）は、脳の機能の偏りからくる自閉的傾向の幅広いあらわれ方を指しています。「スペクトラム」という言葉は「広範囲な連続」や「連続体」などの意味で、特性のあらわれ方が非常に広い範囲で、それぞれの特性が連続していると考えられているためそう呼ばれています。

つまり、ＡＳＤと診断された子どもでも、その特性のあらわれ方や度合いは非常にさまざまで、子どもによって異なるのです。

ＡＳＤの主な特性としては、抽象的な表現、あいまいな表現や指示が理解できない（「あれ取って」と言われても「あれ」が何のことなのかわからないなど）、コミュニケーションや対人関係の構築が苦手（相手の反応を見ずに一人でしゃべり続ける）、こだわりの強さ（同じ行動や言葉をいつまでも繰り返すなど）といったことが挙げられます。

また、光や音などが極度に気になってしまう、服の肌触りなどが気になって同じ服しか着たがらない、すぐに服を脱いだり破ったりしてしまうといった、感覚の過敏が見られることも多くあります。

こだわりが極度に強いことの影響は、同じものごとを同じ手順で行うルーティーンに執着することが多いため、急な予定の変更などに対応できず、パニック状態になってしまうことがよく見られます。

一方でこだわりの対象に対しては、超人的な集中力や記憶力を発揮することが多いのもASDの子どもによく見られる特性です。たとえば「ちびっこ鉄道博士」のような特定の分野で膨大な知識を持つ子になることがあります。さらには大人になって、図鑑が丸ごと頭に入っているようなものすごい記憶力を活かして、子どもの頃の趣味をそのまま職業にしてしまう子もいるほどです。

抽象的な表現がわからない
ちゃんと片付けてね
ちゃんとって何?
特定の範囲の興味が強い
きのこの世界
こだわりが強い
このメーカーの
鉛筆じゃ嫌だ!
えー

読み・書き・計算などが苦手なタイプ

知能は高いのになぜか勉強が苦手

　ＬＤ（Learning Disorder：学習障害）は、知的発達には遅れが見られないのに、本人が努力しても学習の成果が上がらないという特性のことです。医学的には、「読む」「書く」「計算する」「推論する」のが困難であることと定義されていますが、日本で一般に用いられる「学習障害」という言葉は、それらに「聞く」「話す」を加えたものとなっています。

　ＬＤは、知的能力は十分にあるのに、教科書や本がスムーズに読めなかったり、先生の説明をノートに書きとることができなかったり、あるいは文字は読めるのにそのとおりに書き写すことが困難だったり…と、ＡＤＨＤやＡＳＤ同様に、特性や症状のあらわれ方はさまざまです。また、手先の不器用さという形であらわれることもあります。映画『ミッション・インポッシブル』シリーズで有名な俳優のトム・クルーズはＬＤであることを公表していますが、彼はＬＤの中でも字を読むのが苦手な「読字障害」のため、台本は朗読してもらったものの録音を聞いて覚えるそうです。

　これまたＡＤＨＤやＡＳＤ同様、ＬＤも原因はわかっていません。しかし、脳の機能に障害があるために、目や耳からの情報の「入力」が脳にうまく伝わらない、あるいは脳からの情報の「出力」が、文字を書いたりするような学習活動にスムーズに結びついていかないのではと考えられています。

知能が低いわけでもなく、まして本人にやる気がないわけでもないのですが、それなのに「できない」という事実に対して本人の落胆は大きくなりがちです。そのため勉強する意欲を失ってしまったり、周囲にバカにされて大きく傷ついてしまったりするケースも少なくありません。

ＬＤの子どもも、字が大きければ読める、文字がびっちり詰まっていなければ読みやすいなど、条件によっては読みやすく、理解しやすくなることがあります。特性に合わせた配慮である程度克服することも不可能ではないのです。

話すのが苦手
この問題は?
あっ…
わかってるのに
言葉が出てこない…!
書くのが苦手
きたの
読むのが苦手
そ・の・と・き・
い・ち・わ・の
どういう意味?

障害とグレーゾーンで何が違うの？

発達障害の「ある」「なし」は明確に切り分けにくい

16ページでも説明したとおり、多動性・不注意・衝動性というのはADHDに限らず、多くの子どもにふつうに見られる特性です。また、「コミュ障」という言葉が主に若者の間でポピュラーに用いられているように、ASDの特性であるコミュニケーションの不全や強いこだわりなどは、ASDと診断されない人でも少なからず持っています。そしてLDではなくとも、学生時代に英語は得意だけど数学はどんなに努力しても壊滅的にダメだった…という人も珍しくないでしょう。

そうしたことからもわかるとおり、「発達障害」と「定型発達」（いわゆる「ふつう」）の間には、実は明確な線引きはできません。発達障害は極端に偏りすぎた脳の特性が社会生活を営むうえで問題になりうるということで「障害」と名付けられていますが、たとえばASDが「スペクトラム」という連続体のイメージでとらえられているように、どこまでが「個性」でどこからが「障害」なのかというのは、きっぱり分けられるものではなく、幅広いグラデーションの中にあると考えられているのです。

そしてそれらのグラデーションの中には、実際に生きづらさを抱えているのにADHD、ASD、LDという明確な診断のつかない「グレーゾーン」の子どもも多く含まれています。何となく「自分の子どもはグレーゾーンかもしれない…」と疑っている親御さんもいるかもしれません。

発達障害の子どももグレーゾーンの子どもも、もし実際に生きづらさを抱えているのなら、診断がつく・つかないよりも、まず「生きづらさ」そのものに向き合って対処するべきではないでしょうか。子どもが発達障害だとしてもそうではないとしても、それぞれが持っている個性・特性に早くからフォーカスして適切な支援を行うことは、彼らの生きやすさのために何よりも重要なはずです（逆に、そのためにも早期に医療機関につないで診断を受けることが大切、ともいえます）。

ふーん、落ち着きがないのには
こういう原因があって
こういう支援方法があるのか
うちの子はほうっておけば
何時間でも一人で遊んでるけど
これくらいならグレーゾーン
なのかしら
あれしよう
これしよう
もく
もく

△グレーゾーンかどうかで悩むより、その子の出ている特性とそれに対する支援を知る方がより効果的。

特性を理解した対応がカギ

子どもが何を考えているのか想像力を働かせよう

　ここまで、ＡＤＨＤ、ＡＳＤ、ＬＤという発達障害の特性における3つの主なタイプ、そして発達障害の傾向が疑われるものの、明確にそう診断されないグレーゾーンの存在について説明してきましたが、22ページで説明したとおり、実はそれらの特性は幅広いグラデーションで連続していて、「この子は発達障害のない定型発達」「この子はＡＤＨＤ」「この子はグレーゾーン」と簡単に区分けすることはできません。また、ＡＤＨＤ、ＡＳＤ、ＬＤははっきり分かれた3つの特性というわけでもなく、複数の特性が重複してあらわれている子どもも多いのです。

　この本ではあくまで便宜上、ＡＤＨＤ、ＡＳＤ、ＬＤという特性に着目しながら、発達障害の子どもたちにはどのような症状が見られるのか、そしてどのような配慮や支援を行えば彼らが生きやすくなるのか…について皆さんと一緒に考えていきますが、実際には幅広いグラデーションの中で、子どもたちには非常にさまざまな症状や言動が見られることでしょう。そこで何より大切になるのは、親御さんや周囲の人たちが想像力を働かせながら、それぞれの特性に合わせた配慮や支援を考えていくことです。

現時点では発達障害の原因は医学的にはっきり解明されていません。そのため、この本でもそれぞれの特性について「〜と考えられています」と書かれているのに気付いた人も少なくないはずです。つまり多くのことは「仮説」の段階にすぎないともいえます。当然、発達障害の子どもたちと一番長く一緒に過ごす親御さんには、経験に基づく「仮説」を積み重ねていけば、子どもが暮らしやすい環境づくりができるということです。

もちろんそれが独善的な「思い込み」になってしまっては台無しです。そこでこの本を参考に、子どもの特性に合わせながら地道に試行錯誤を繰り返していきましょう。長期的には、必ず適切な理解や、よりよい支援に結び付いていくはずです。

△厳密に分類に当てはめようと考えるのではなく、特性に着目して支援を行うのが望ましい。

Column

「きょうだい児」って何？

障害のある子の兄弟姉妹のケアも重要

発達障害の子を持つ親御さんは、大変な状況にあることが多いと思います。片時も目を離せない多動の子や、何がきっかけでかんしゃくを起こすかわからない子など、常にその子にかかりっきりで生活自体がその子中心になってしまうというケースも多いでしょう。

一方で、その子の兄弟姉妹が定型の子であった場合、つい定型の方の子との関わりが薄くなり、ともすれば知らず知らずのうちに発達障害の子のお世話をする「小さな親」の役割を担わせてしまうことがあります。このような障害を抱えている兄弟姉妹がいる子のことを「きょうだい児」といい、近年問題になっています。

定型発達と言っても、まだ子どもで親に甘えたい年頃でもあります。小さい頃から、誰かの面倒を見させることで、自立心が早く芽生えると考える人もいるようですが、子どもは親に十分に甘えることで自尊心が芽生え、その上で初めて自立に向けて成長できるのです。十分に甘えられなかった子どもは、そのことが幼いころの傷となってしまいます。さらには、大人になって「私はお世話係じゃない」と発達障害の子との関わりを断ってしまう人もいます。

発達障害の子へ寄り添い暮らしていくことは重要ですが、その兄弟姉妹についても同時にケアしていくことが必要です。このような大変な状況においては、両親2人ですべてをケアしようとせず、祖父母を初めとした肉親や、病院、支援センターなどと協力していくことが重要です。

第2章

からだの特性編

発達障害の子とからだ

体にあらわれる発達障害の「特性」

第1章で、発達障害は脳の機能の偏りによる特性、と説明してきました。しかし実際には、発達障害の子どもは脳だけではなく体にも独特の「特性」を持っています。実際に発達障害の子どもを持つ親御さんなら、多くの人がこの事実を実感されていることでしょう。

特に、体が十分に成長していない低学年の子どもでは、顕著な2つの特性が見られます。まずひとつは、「異様なまでに体に力が入って全身が硬くなっている子ども」です。そのような子どもの体を触ってみるとすぐにわかりますが、全身の筋肉が信じられないほど緊張して、ガチガチに固まっています。特に興奮状態で大声を出しているときなどは、肩に力が入ってこわばり、顔も真っ赤になっていて、頭の血管が切れてしまうのでは…と心配になるほどです。

しかもそのようなタイプの子どもは、基本的に朝起きてから夜寝るまで、いつでも全身ガチガチの状態です。親が、「力を抜いてリラックスしてほしい」と思っても、本人にはどうすることもできません。

もうひとつのタイプは、「自分で体を支えることがうまくできない子ども」です。ひどい事例では、椅子にまっすぐ座っていることができず、滑り台のように前方にズルーンと滑り落ちてしまう子どももいます。

そこまでではなくとも、発達障害の子どもには、いつも机の上に頬杖をついている子、椅子に座ると極端な前かがみ…というよりも上半身が完全に前に倒れてしまうような子も少なくありません。

そのようになってしまう原因は、体幹や筋肉が十分に発達していないからです。子どものときだけでなく、成人してからもそのような傾向が見られる人がいますが、それは決して本人が「だらしない」からではありません。脳の発達の偏りは、行動だけでなく体自体にも少なからぬ影響を与えているのです。

このイスの角に
お尻を引っ掛けて
おくのが一番ラクだ…
ぐにゃ〜

体幹や筋肉が未発達でうまく姿勢を保てない子

ぐっ…

一日中、体全体に力が入っている子

からだ

01

目に入るものがとにかく気になる

見えすぎてしまう子

ＡＳＤをはじめとする、発達障害の子どもの特性のひとつに「感覚の過敏」が挙げられます。視覚・聴覚・嗅覚・味覚・触覚など、さまざまな感覚が極端に過敏になっていて、通常ならまったく気にならないような感覚的な刺激に過剰に反応してしまう状態です。

たとえば視覚過敏があります。人間はさまざまな情報の8割を視覚から得ているといわれています。その視覚が通常以上に過敏な子、いわば「見えすぎてしまっている」子どもの感覚は情報量が多すぎるため、ふつうにしているだけでくたびれてしまうのは容易に想像がつくと思います。

定型発達の人は、さまざまな視覚情報の中から、不必要なものを遮断し、自分が注意を向けるべきものにフォーカスすることができます。ところが、発達障害の子どもは目に入るすべてのものが視覚情報として分け隔てなく脳に認知されてしまうため、混乱して疲れ果ててしまい、そして本来目を向けるべきものに注意が向かいません。発達障害の子どもが本や教科書をうまく読めなかったり、注意力散漫に見えたりする原因のひとつがこれです。

周りの人 ➡ 発達障害の子

たとえば上のイラストのように、ADHDで多動傾向のある子どもは、興味の対象が次々に切り替わったり突発的・衝動的に動き回ったりして、ひと時たりともじっとしていることができません。勉強などひとつのことに取り組んでほしいときでも、まったく集中していられず、注意力散漫な困った子ども…と思われてしまいます。

発達障害の子 → 周りの人

定型発達の人は、視覚情報の中から必要なものを取捨選択し、そのときに必要な情報にフォーカスしてものごとを行うことができます。ところが視覚過敏の子どもにはそれができません。目に入るさまざまなものが片っ端から同じような比重で脳に飛び込むため、目に入ったものに次から次へと飛びつき、結果的に落ち着きがなくなってしまうのです。

視覚情報が多すぎたり強すぎたりすると、子どもは混乱してしまいます。そしてその混乱は子どもの落ち着きを失わせ、問題行動につながることもあるのです。

そのため視覚過敏の子どもが過ごす場所（家や教室など）は、なるべくシンプルな落ち着いた色で統一し、たとえば教室の掲示物や部屋に置いてあるものなどが急に変わったりしないよう配慮する必要があります。

また、室内がいろいろなものでゴチャゴチャしているのもNGです。常に整理整頓を心がけましょう。

理解のポイント

- 視覚が通常よりもとても過敏
- 必要な情報にフォーカスできないため落ち着きがなく見える
- 情報が多すぎて混乱し、疲れてしまう

こんな言葉・対応が心に届く！

ストロボのような、強力に点滅する光は、てんかんの症状を持つ子どもに悪影響を与えるだけでなく、特に障害のない子どもにもよくないとされています。視覚が過敏な子どもならなおさらです。発達障害の子どもの見えるところにはピカピカ光るものや極端に色鮮やかなものは置かないようにして、子どもが落ち着いて過ごせるように配慮しましょう。

音に敏感に反応してしまう

雑音や騒音が不必要に耳に飛び込んでくる

30ページで「視覚が8割」と書きましたが、人間にとって聴覚も重要な情報源です。そして、感覚過敏には聴覚の過敏も含まれます。発達障害の子どもには、この聴覚過敏に悩まされている子もとても多いのです。

人間にはざわざわした場所でも目の前の相手の話が聞けるなど、注意や関心の対象にフォーカスして聞き分ける力が備わっていて、心理学では「カクテルパーティー効果」と呼ばれています。ところが発達障害の子どもには、すべての音が同じようなレベルで飛び込んでくるように感じられたり、あるいは雑音の方が大きく感じられたりしてしまう子が少なくありません。

こうした特性を持つＡＳＤの子どもが騒がしい場所で耳をふさいでしまう姿は、よく見られます。そのような子どもは、起きている間じゅう、ずっと騒音におびえながら過ごしているような状態です。教室にいるときにも雑音に気を取られてしまったり恐怖を感じたりして、授業に集中することはとても困難になってしまいます。

周りの人 ➡ 発達障害の子

視覚の過敏と同様、聴覚が過敏な子どもに対する周囲の第一印象は、とにかく「落ち着きがない」ということです。周りの物音などにいつも過敏に反応し、そわそわしたり耳をふさいだり声をあげたり動き回ってしまったりで、授業などひとつのことに集中していられません。先生の話していることに対しても、いつもうわの空に見えてしまいます。

発達障害の子 ➡ 周りの人

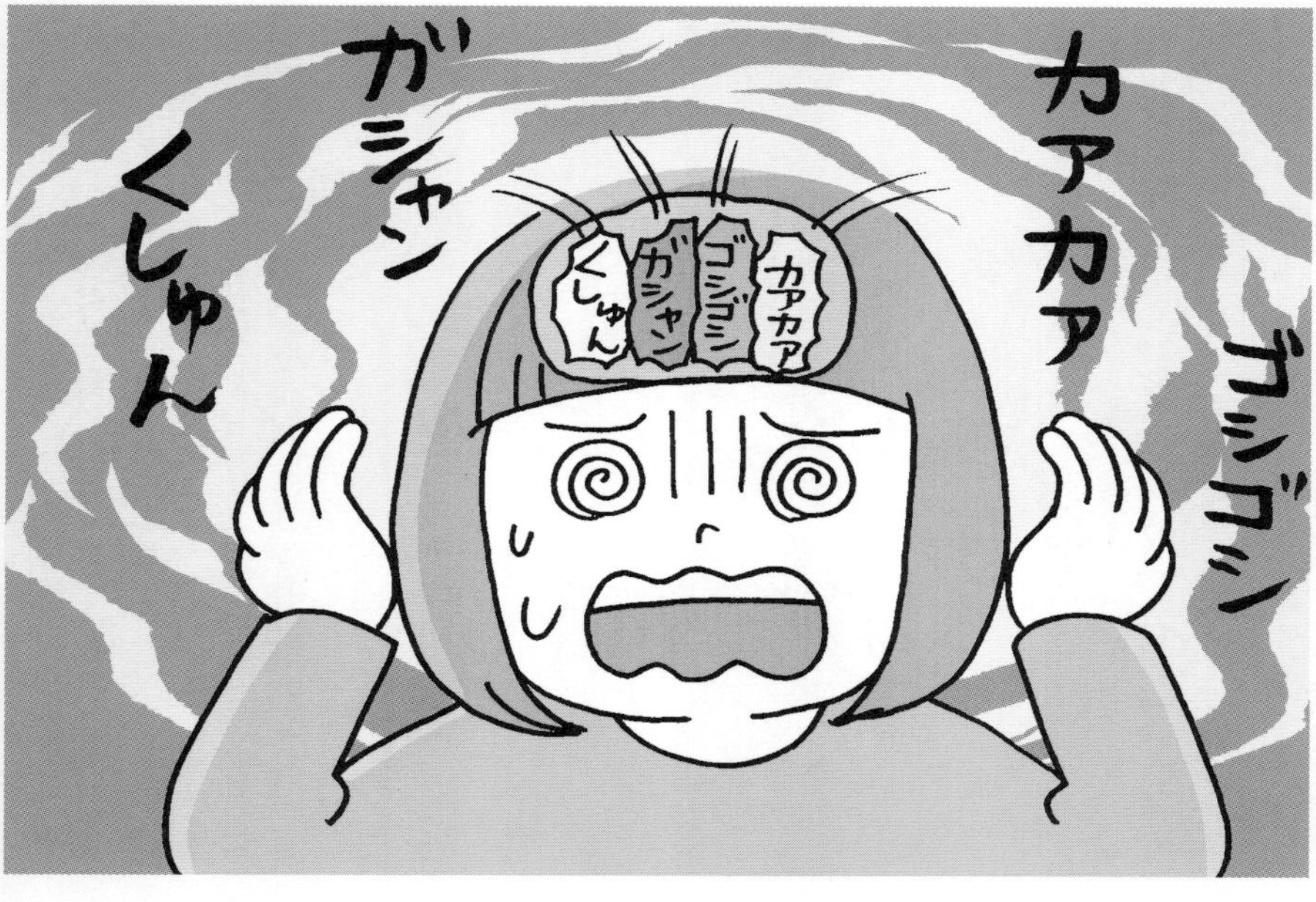

聴覚が過敏な発達障害の子どもは、定型発達の人が意識せずふつうに行っている「必要な音を聞き分ける」ということができません。耳から入る情報を必要に応じて取捨選択することができず、四方八方から飛び込んでくる音がどれも同じようなボリュームで脳内に響いてしまうだけでなく、雑音ばかりが気になってしまうことも多いのです。

大人でも、聴覚過敏があるため、職場で耳栓を使えるように配慮してもらっている人は少なくありません。子どもの場合も、耳栓やイヤーマフなどの使用が推奨されます。また、雑音・騒音をカットするノイズキャンセリングイヤホンなども、いろいろな種類が市販されていますので、試してみるとよいでしょう。

聴覚の過敏に限らず、感覚過敏は成長とともに少しずつ和らいでいくこともあります。無理に慣れさせようとするのは禁物です。気長に見守っていくよう心がけましょう。

理解のポイント

- すべての音が同じレベルで飛び込んでくるように感じる
- 雑音の方が大きく感じることも
- 音に気を取られて集中できない

こんな言葉・対応が心に届く！

たとえば電車や大型トラックなどがこちらに向かってきた場合には、「電車（トラック）が来るよ、大きい音がするからね」と、先に声かけをしておくと、子どもは心の準備がしやすくなります。また、子どもは聴覚過敏などをうまく言語化して伝えることが困難ですので、家族が子どもの様子をよく観察して、疑わしい場合は早めに専門医の診察を受けることも大切です。

からだ

03

思わず体が動いてしまう

脳のブレーキが弱い

多動性・衝動性の強いＡＤＨＤの特性を持つ子どもは、じっとしているのがとても苦手です。授業中から親族のお葬式にいたるまで、決められた時間を椅子や座布団の上で座ったまま過ごすのはとても難しく、また道を歩いていても、目を引かれたものに向かって突然走り出してしまうことも多いので、交通事故などの可能性も心配されます。

実は人間の脳からは、本能的なレベルで動き続けるように指令が出ています。定型発達の人では前頭前野がブレーキの役割を果たしていますが、前頭前野の機能に偏りがある発達障害の子どもは、脳からの「動け！」という指令にうまくブレーキをかける力が弱いのです。

そんなわけなので、強く叱られたり押さえつけられたりして動きを止められるだけでなく、自分から一生懸命我慢してじっとしていようとすることも、このような子どもにはとても強いストレスになってしまいます。

周りの人 ➡ 発達障害の子

多動性・衝動性の強い子どもを持つ親御さんは、気が休まるときがありません。多動性・衝動性はそもそも多くの子どもにふつうに見られますが、発達障害、特にADHDの子はその度合いが桁違いだからです。とにかく目に入ったものにすぐ手を出したりいきなり走って行ったりで、ちょっとした外出も危険との戦いになってしまいます。

発達障害の子 ➡ 周りの人

ADHDの子どもの脳は、ブレーキがなくてアクセルだけが常に全開…のような状態です。「動け！」という本能的な指令は人間や動物が生きていくために本来必要なものですが、ADHDの子どもの場合は前頭前野による適切なブレーキの働きが弱すぎるため、気持ちの赴くままに突っ走ってしまうのを自分でもどうにもできません。

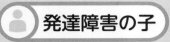

多動の特性が強く出る子どもには、無理矢理抑えるのではなく、逆に十分に体を動かす時間を作ってあげることが大切です。多動の子どものほとんどは外で遊ぶのが大好きですし、家庭や学校で窓ガラスを拭いたり、床の雑巾がけなどを手伝ってもらったりするのもよいでしょう。体を動かすこと自体が目的なので、ちゃんとできるかは不問にしてよいのですが、作業を通じて自分の体の動きを上手にコントロールできる可能性も期待できます。また、じっとしている時間と動いてもいい時間に、タイマーを使って区切りをつけるなどの方法も有効です。

理解のポイント

- ＡＤＨＤの子どもによく見られる特性
- 脳の「動け」という指令にそのまま従ってしまう
- 脳の機能の偏りのためブレーキをかける力が弱い

こんな言葉・対応が心に届く！

時間を区切ってじっとしていてもらうには、無理におとなしくさせるのではなく、「これだけ我慢して、そのあとは動いてもいいよ」などと、子どもが見通しを持てるように声をかけましょう。また、子どもが椅子に座ったままである程度「動く」ことができるように工夫された「センサリーツール」というのも販売されています（184ページ参照）。

04 好き嫌いが激しすぎる

「わがまま」ではないということを心得よう

発達障害、特にＡＳＤの特性を持つ子どもによく見られるのが、食事の好き嫌いの激しさです。肉しか食べず、野菜を食べたがらない、逆に肉が食べられない、パンしか受け付けない、白米が食べられない、逆に白米以外食べようとしない、ラーメンばかり食べたがるのに、スープは飲まずもやしやネギも食べず、麺だけしか食べない、チャーシュー麺を頼んでチャーシューは残してしまう、など…そのバリエーションは本当にさまざまです。

一番に疑われるのは「感覚過敏」のひとつである味覚の過敏ですが、食べ物の好き嫌いにはほかにもさまざまな要因が関係しています。色に対するこだわりが強く、白米や食パンなどの白いものしか食べられなかったり、シャキシャキしたものがまったく受け付けられなかったり、特定の食感のものしか食べられなかったり…と、味覚や食感にもさまざまな特性を持つ子どもがいるのです。本人には本当にどうしても「それが食べられない」「それしか食べられない」という深刻な問題で、単純な好き嫌いでもなければ、わがままでもありません。

周りの人 ➡ 発達障害の子

「色の赤いものが食べられない」「白米を受け付けない」「肉のかみ心地を嫌う」…発達障害の子どもの好き嫌いは本当に子どもによってそれぞれです。たとえばハンバーガーを食べても野菜は残してしまったり、パンとビーフパティ以外はピクルスなど何もかもを「抜きで」と注文する子どももいたりで、親御さんは頭を悩ませることになります。

発達障害の子 → 周りの人

発達障害の子どもの食の偏りは単なる「好き嫌い」「わがまま」とは違います。そのような子どもは定型発達の大人には想像もつかないような感覚を持っていることもあり、食べ物の味や色や食感などによっては強く拒絶することが少なくありません。成長してくると理由を説明できる子もいますが、その説明で明らかになる子どもの感覚に驚かされることもあります。

まず一番大事なことは、子どもの感覚に合わせて、決して無理強いをしないことです（無理強いは逆効果になりがちです）。そのうえで栄養バランスが偏らないように気を付けながら、成長に伴って食べられるものが少しずつ増えていくのを辛抱強く待つ必要があります。子どもが成長するのにしたがって、食べられない具体的な理由がわかることもあるので、その場合は調理方法を変えるなどの工夫ができることでしょう。たとえば「焼く」を「蒸す」に変えるだけで食べられるようになった子もいます。

理解のポイント

- 味覚が過敏なことがある
- 食べ物の色や食感に対する強いこだわりがある場合も
- 本人には本当に「受け付けられない」ので、決してわがままではない

こんな言葉・対応が心に届く！

「熱いものが食べられない」「冷たいものが食べられない」「固いものは口の中が痛くなる」「味が濃いもの・薄いものを受け付けない」…食べられないものが多い子どもには、子どもの人数だけその理由があると考えましょう。まずは本人が問題なく食べられるものを食べさせながら、ほかに何が食べられるか、どうしたら食べられるか、ゆっくりじっくり対応していくのが大切です。

からだ

05

触れるのをとても嫌がる

だっこを嫌がるのも感覚過敏から

子どもの発達障害や自閉症を疑うきっかけのひとつとして、「だっこしようとしたら体をのけぞらせるようにして嫌がられた」という経験があった…という親御さんは、少なくありません。子どもが抱っこされるのを嫌がる原因は、「圧覚過敏」「触覚過敏」が考えられます。

圧覚過敏の子どもは、親が愛情を持って優しく抱きしめようとしているのに、耐えがたい圧迫感を感じてしまい、逃れようとすることがあります。また、手を握られるのに不快感を感じたり、ときには痛みさえ感じて、手をつなげないこともあります。このような子どもは帽子をかぶるのが苦手だったり、靴下のゴムを嫌がったりなども見られます。

また、触覚過敏の場合は圧覚過敏以上に、肌に何かが触れるのが耐えがたい苦痛に感じられることがあります。人に触れられるのを嫌がるだけでなく、気に入った肌触りの同じ服しか着たがらなかったり、何を着せても脱いだり破いたりしてしまう、また、手が汚れたり、雨などでぬれて服が肌に張り付く感覚を極度に嫌ったりすることも少なくありません。

周りの人 ➡ 発達障害の子

子どもは親や周囲の人との自然なスキンシップに安心感を見出し、それによって愛着や信頼関係が形成されるのがふつうです。ところが発達障害の子どもには、手をつないだりだっこされたりするのをひどく嫌がる子が見られます。親御さんは困惑してしまいますが、そのことが子どもの発達障害などの診断の契機になることも多いのです。

発達障害の子 → 周りの人

子どもが小さいうちは、当然ながら触覚過敏や圧覚過敏を自分で説明することができません。しかしそのような子どもは、手を握られたり嫌いな感触のものに触れたりすることに、大人からは想像もできないような不快な気持ちを感じていることが少なくないのです。何を着せても破いてしまうため、簡単に破れない柔道着を長い間着せられていたという子もいます。

触覚過敏の子どもは、服のえりなどについているタグの感触が気になってしまうことが多いので、タグは切っておくようにします。服を買う場合は、事前に本人に触らせたり試着させ、問題のない素材だけでそろえた方がよいでしょう。

触覚過敏・圧覚過敏は、子どもの成長に伴って和らいでいく例も少なからず見られます。無理に慣れさせようとせず、子どもが嫌う感触などをできるだけ避けながら、気長に見守っていくことが望まれます。また、いきなり背後から体に触ったりするのはできるだけ避けましょう。

理解のポイント

- 圧覚過敏の子どもは、だっこなどに圧迫感を感じてしまう
- 触覚過敏の子どもは、肌に何かが触れるのが苦痛に感じられる
- 同じ服しか着られないなども

こんな言葉・対応が心に届く！

スヌーピーで有名な漫画『ピーナッツ』に登場するライナスは、いつも大好きな「安心毛布」を持つことで安心していられる男の子です。触覚過敏の子どもも、ライナスと同じように好きな肌触りのものをいつも持つようにすることで、嫌いな感触による刺激を和らげられる可能性があります。逆に、嫌いな感触に無理に慣れさせようとするのは絶対にNGです。

06 人との距離感がつかめない

周りから見ると過剰に近づきすぎている

「人との距離感がつかめない」というのは、ASDによく見られる特性です（ADHDでも見られることがあります）。人間には、これ以上近付かれると不快に感じる…という「パーソナルスペース」（対人距離）と呼ばれる距離があり、それは相手との関係などによっても違いますが、ASDの特性を持つ人は定型発達の人よりもパーソナルスペースが近い、ということが東京大学などの研究で明らかになっています。一般にコミュニケーションに難があるとされるASDの人の方が他人との距離感が近い、というのは不思議ですが、そのことも結局コミュニケーションの不全に結び付いていると考えられるのです。

特にASDの子どもは他者との距離が近くなりがちで、たとえばほかの子どもに必要以上にくっついていたり、初対面の大人に対してもすぐにベタベタまとわりついたりすることが少なくありません。異性に対しても同様なので、周囲は「大きくなってもこんな感じだったらどうしよう」と不安になってしまいます。

周りの人 ➡ 発達障害の子

仲の良い子ども同士がぴったりくっついていたりじゃれ合っていたりするのは特別に珍しいことではなく、ほほえましくも見えます。しかし、ASDの特性を持つ子どもは相手との関係性にかかわらず、グイグイ距離を詰めてしまいがちです。相手があまり親しくない子どもだったとしたら、うざったく感じてしまい、あまりにも度が過ぎると怒りだしてしまうこともあるかもしれません。

発達障害の子 ➡ 周りの人

定型発達の子どもとASDの子どもでは、どうやらパーソナルスペースが倍ほども違うようで、そのためASDの子どもは不用意に距離を詰めてしまいます。このようなとき、相手の表情などから気持ちを読み取ることが難しく、自分の気持ちばかりを優先しがちなASDの子どもは、嫌な顔をされていても「察する」ことができないのです。

このような子どもは、ベタベタ距離を詰めてきたときに「近い近い！」と言っても理解できません。有効なのは、こちらからハグなどではない、手だけによる接触（握手やハイタッチやグータッチ、または手四つに組み合うなど）を積極的に行うことです。手だけの軽いスキンシップに頻繁に誘導することで、体に過度に触れたりするのを減らせる可能性があります。

子ども同士の距離が近い場合は、スマホの写真を見せたりして、視覚的にアピールしながら「近すぎるよ！」と説明すると、スムーズに理解できることがあります。

理解のポイント

- 特にＡＳＤの子どもによく見られる特性
- 定型発達の子どもにくらべて「パーソナルスペース」が近い
- 相手に嫌がられていてもわからない

こんな言葉・対応が心に届く！

発達障害のせいで身体接触を極度に嫌うような特性を持つ子どもでない限り、障害の有無に限らず子どもはスキンシップを好むものです。ベタベタまとわりついてくる子どもに対しては、頭ごなしに「ダメだよ」と言うのではなく、いったん「あー、一緒にいたいんだよね、仲良くしたいもんねー」などと気持ちを受け止め、そのうえで改めて対処するようにしてみましょう。

07 不器用で細かい作業が苦手

体が不自由ではないのに手先は不器用な子ども

発達障害の子どもには、手先が不器用な子が少なくありません。その原因のひとつとして、DCD（Developmental Coordination Disorder：発達性協調運動症）が挙げられます。運動機能自体には問題が見られないのに、体の各部分の動きを連携させたり協調させたりすることがうまくできないという特性です。

DCDの子どもは、たとえば字が上手に書けなかったり、箸やフォークがうまく使えずに食べ物をこぼしてしまったり、はさみを上手に動かすことができなかったり、頭や体を自分で洗えなかったり、靴ひもが結べなかったりすることがあります。

ASDやLDの子どもも、脳からの指令が手足や指などにスムーズに伝わらず、不器用なことがよく見られます。また、ASDやADHDやLDと、DCDの特性を併せ持っていることもあるのです。

周りの人 → 発達障害の子

DCDの子どもは、何度教えても箸やスプーンを上手に使うことができないだけでなく、お茶碗をまっすぐ持つことができなかったり、味噌汁のお椀をすぐにひっくり返してしまったりします。口の周りを拭くように指示しても、手がかなりずれたところに行ってしまったりすることもあります。ボタンが留められず、大きくなっても着替えが困難だったりすることもあり、親は心配になってしまいます。

発達障害の子 → 周りの人

DCDの子どもは、体の各部分の連携がうまく働かないため、「左手にお茶碗を持ち、右手に箸を持って、右手に持った箸を動かして食べ物をつまむ」といった一連の動作がどうしてもうまくいかないことがよくあります。子ども自身も自分のできないことに悩んでしまいますが、どうしてできないのかは本人にもさっぱりわからないのです。

ＤＣＤなどの特性のために手先が不器用な子どもは、小さなものをつまんだりする訓練を積み重ねることで、改善が見られることがあります。しかしそれはかなり根気がいることもありますので、ゲーム感覚で楽しんで取り組めるように工夫することが大切です。あるいは、使っているものを変える支援も考えられます。たとえば、はしをフォークに、ＨＢの鉛筆を６Ｂに変えるだけで不器用さを補ってくれます。

また、ボタンがうまく留められないなど、子どもにＤＣＤが疑われる様子が多ければ、早めに医療機関を受診しましょう。療育施設では、作業療法士などの専門的スキルを持つスタッフがリハビリに対応してくれます。

理解のポイント

- 運動機能自体は問題がない
- 体の各部分の動きを協調させることがうまくできない
- そのため手先が不器用になってしまう

こんな言葉・対応が心に届く！

発達障害の特性による不器用さは、成人後にも残ることがある一方で、子どもたちは成長に伴って、たとえゆっくり、少しずつではあってもできることが増えていきます。子どものできることに着目して、そのことをほめてあげましょう。そちらの方が、できないことを気にしすぎるよりも、親御さんも子ども自身も楽な気持ちで過ごしやすくなるはずです。

08 運動が苦手

自分の思ったように体を動かすことができない

DCDやASDの特性を持つ子どもは、手先が不器用なだけでなく、体を動かすこと自体がうまくできず、そのため運動がとても苦手という子が少なくありません。手先の不器用さと同様に、手足の連携・協調がうまくいかない、動こうとする脳の指令が手足にうまく伝わらないなどの特性のため、歩くことはできるものの歩き方がひどくぎくしゃくしている、まともに走ることができない、ボールを投げようとしても真下に落ちてしまったり、あらぬ方向に投げてしまったりということが目立ちます。

特に学校では、体育の時間などにはみんなが同じような動きをすることがある程度求められます。ASDやADHDの特性の出方が弱く、ふだんは問題があるとは思われないような子どもが、体育の時間になると走ったり跳び箱を跳んだりがまったくできず、周りの子どもたちにバカにされたりしてすっかり自信を失ってしまうということもあるのです。先生もその子にDCDなどの可能性があるなどとは思わず、首をかしげてしまいます。

周りの人 ➡ 発達障害の子

DCDなどの子どもは、発達障害のほかの特性がそれほど強く出ていないのに、体育の時間になるとうまく動けない…ということがよくあります。イラストのようにボールを投げても真下に落ちてしまったりするのです。またASDの子どもでは、場に応じた力の加減が理解できず、ドッジボールで女子の顔面に全力でボールをぶつけてしまったりすることもあります。

発達障害の子 ➡ 周りの人

発達障害の子どもには、脳から出た「ボールを向こうに飛ばそう」という指令が、体にうまく伝わらない、そして手と足をうまく連携させて投げる動作をすることができない、ということが少なくありません。みんながふつうにやっていることが自分にはどうしてできないのか…と悩み、体育や運動が大嫌いになってしまう子どもも見られます。

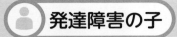

手先の器用さを養う場合と同様に、本人が遊びを通して体の動かし方を学んでいくのが望ましいでしょう。学校での体育の授業のように決められたことをするのと違って、公園の遊具などで遊んだりすることを楽しめる子どもは多く、それらはトレーニングとしてとても有効です。

これまた手先が不器用な子と同様、早いうちから療育などの支援につないでいくこともお勧めです。作業療法士の指導で、それまでできなかった逆上がりができるほど身体能力が向上したりする子どもも見られます。

理解のポイント

- 体の運動機能自体には問題がない
- 体の各部分の動きが協調できず、運動ができない
- 本人が大きく傷ついてしまうことも

こんな言葉・対応が心に届く！

DCDの特性を持つ子どもでも、一度体の動かし方のコツをつかむと、劇的に改善することがあります。不器用な子の場合と同様、できないことを思い悩むよりも、その子のできることをほめながら、楽しんで体を動かすように心がけましょう。「なんでできないの？」「○○くんはできるのにどうして…」といったマイナスの声かけは絶対にNGです。

Column

感覚統合療法って何？

遊びを通して感覚のバランスを整える

2章で見てきたように発達障害の子の中には、身体的な感覚過敏を抱えている子がいます。こうした感覚過敏を抑えるために、耳栓やサングラスなどを利用します。また、p182からの「知っていると役立つお助けアイテム」でも色々なグッズを紹介しています。これらは、感覚過敏自体は存在してもそれが問題にならないようにする対症療法です。一方で、少し時間はかかりますが、根本的に感覚過敏自体をなくす根治療法的なリハビリが「感覚統合療法」です。

人間は元々、危険に対して本能的に身を守ろうとする「原始系」の感覚を持っています。その後、成長するにつれてさまざまな情報から対象がどんなものであるかを想像する「識別系」の感覚が発達してきます。この識別系が発達すると原始系は抑制されるといいます。

感覚統合療法では、発達障害の子はこの「原始系」の感覚が強く残っており自分を過剰に防御してしまうのでは、という観点に立っています。それゆえ、その偏った感覚のバランスを取ってあげることを目的とします。具体的には、五感（中でも触覚）、平衡感覚、固有覚（力加減や位置の感覚）という3つのバランスを「遊び」を通して整えていきます。

例えば、おしくらまんじゅうや雑巾がけ競争、ブランコや粘土などを通して子どもたちは刺激を受けます。こうした遊びの中で、次第に感覚のバランスが整い、感覚過敏がなくなるケースも多いということです。

第3章

こころの特性編

発達障害と心

問題行動から子どもの心を考える

発達障害の特性を持つ子どもは、独特の思考回路を持っていることがよくあります。思考は脳で行われますが、発達障害の子どもはその脳の機能に偏りがあるせいで、定型発達の子どもとは違った考え方をしてしまうことが少なくないからです。

もちろん感情などの「心」「気持ち」も脳が司っているわけですから、発達障害の特性を持つ子どもは心の働きもちょっと独特に感じられることが少なくありません。たとえば発達障害の子どものほとんどが抱えている「ワーキングメモリー」（短期記憶・作業記憶）の弱さは、そのときにやろうと考えていたことがすぐにほかのことにかき乱されてしまい、集中力の弱さや移り気さ・気まぐれさとしてあらわれます。

そして発達障害の特性を持つ子どもは、それらの特性のため、誰もが「一般的に」「ふつうに」学ぶはずの生き方の常識が定着しにくくなっています。そのため、発達障害の特性が前面に出ている子どもは、暮らしの中で自然に習得されるはずのさまざまなことがうまく学べず、問題行動につながりやすくなってしまうのです。

問題行動に対処するうえで一番のＮＧは、ただ叱ることです。発達障害の子どもはその特性のために、何がよくて何がいけないのかを学習するのに人一倍の時間がかかります。それは繰り返し教えていく中で少しずつ身に付いていくことです。頭ごなしに叱られても、ワーキングメモリーの弱い子どもは、そこから得られる学びなどなく、叱られた嫌な思いだけがいつまでも頭に残ってしまいます。

一方で、子どもの問題行動は、その子が発達障害によるどんな困りごとを抱えているのかを知るための、重大なヒントにもなります。大切なのは問題行動を叱ったりして押さえつけることではなく、問題行動をきっかけに、その子にどんな心の働きがあり、どうしてそのような行動をしているのかを考えることなのです。

こころ

01 飽きっぽい

ワーキングメモリーと衝動性

発達障害、中でもＡＤＨＤの特性を持つ子どもによく見られるのが「飽きっぽさ」です。勉強でも遊びでも、ひとつのことに集中することがなかなかできず、授業中に立ち歩いたり、おもちゃで遊んでいたのがふと見ると全然違うことをしていたりします。

これはＡＤＨＤによく見られる「ワーキングメモリー」の弱さと、「衝動性」の強さからきていると考えられています。「授業中は席に座って先生の話を聞く」「ゲームを順番通りに続ける」などの短期的な情報を脳の中で保ち続けることが難しく、そのうえすぐにほかのことに気を取られてしまい、しかも思い付いたら考える前にすぐに行動に移してしまうため、今やっていることに注意を向け続けることができないのです。

これらは脳の前頭前野の働きが弱いことによると考えられていて、子どもが自分で改善するのはとても困難です。子ども自身も多くが「どうしてちゃんとできないのだろう」と悩んでいます。さらに、叱られ続けることですっかり自信を失ってしまうこともあるのです。

周りの人 → 発達障害の子

飽きっぽさ、気まぐれさ、移り気さというのは、子どもなら誰もが持っている性質ですが、ADHDの子どもの場合はそれが度を越しています。何かに集中して取り組むような姿勢はほとんど見られず、次々と目まぐるしく行動が切り替わってしまうのです。もちろん、両親や先生が指示したことに対しても、まったく集中が続きません。

発達障害の子 ➡ 周りの人

「ワーキングメモリー」が弱いADHDの子どもは、自分がやろうと思ったことでも周りから指示されたことでも、「それをやり続ける」というのを頭の中で保っていることができません。一方で外界の刺激に敏感に反応し、考えることなく動き出してしまうため、周囲からは「飽きっぽく落ち着きのない子ども」と見られてしまうのです。

ワーキングメモリーが弱く衝動性の強い子どもは、一度や二度教えただけでは何事も身に付きません。そのときに何をすべきで、何をしてはいけないのかを、辛抱強く根気良く、繰り返し教えていく必要があります。

大切なのは、子どもがわかりやすい平易な、シンプルな言葉で、何度も繰り返して短く声をかけていくこと、そしてできたことは積極的にほめてあげるようにすることです。医療機関によっては、専門的な訓練を行っているところもありますので、調べてみるのもよいでしょう。

理解のポイント

- 脳のワーキングメモリーが弱い
- 衝動性が強く、思ったことをすぐに実行してしまう
- そのために集中を持続することが難しい

こんな言葉・対応が心に届く！

たとえば、子どもが授業に飽きてしまったときに、いきなり立ち歩いてしまうのではなく、まず先生に「立って歩きたい」と伝えられるようになるだけでも、大きな一歩です。立ち歩かないように頭ごなしに叱ったり注意したりするよりも、その行動が子どものどんな特性によるものかを考え、少しずつでも和らいでいくように工夫して対処することを大事にしましょう。

こころ

02 忘れ物やなくし物が多い

うっかりは性格ややる気のなさではない

ＡＤＨＤの特性を持つ子どもによく見られるのが、忘れ物・なくし物の多さです。これは66ページで説明した「飽きっぽさ」と同様に、ワーキングメモリーの弱さによるものであると考えられています。

たとえば、ちょっとそのあたりに置いた鍵などを、どこに置いたのか忘れてしまうといったことは誰にでもあります。基本的に大人よりも注意力が低い子どもは、なおさらです。ＡＤＨＤなどの子どもは、その度合いが並外れています。ワーキングメモリーの働きが弱いため、大切なものでも不用意に扱ってしまうことが多く、しかもどこに置いたのかをすぐに忘れてしまうのです。そして、同じような忘れ物や紛失を何度でも繰り返してしまいます。これらは脳の特性によるもので、本人の努力ややる気が足りないためではないのです。

また、ＡＤＨＤ以外に、ＡＳＤの子どもにも同様の特性が見られることもあります。

周りの人 ➡ 発達障害の子

上のイラストでは親子で忘れ物をチェックして対策をしようとしていますが、子ども一人でチェックしようとすると、どうかするとランドセルを持たずに家を出てしまうなど、並外れたダイナミックな（？）忘れ物があったりするのです。そのように、発達障害の子どもはとにかく忘れ物や紛失が多く、この特性は大人になっても多くの人が悩んでいます。

発達障害の子 ➡ 周りの人

子どもは「大丈夫、忘れ物はないよ」と思っていますが、お母さんは「まだ何かあったはず…」と記憶をたぐり寄せます。ここが定型発達と発達障害の「ワーキングメモリー」の差ということになるわけです。発達障害の子は、脳の中で記憶を一時的に保管しておける容量が圧倒的に不足しているため、持ち物をちゃんと覚えていられなかったりします。

たとえば学校に持っていくものに抜けがあるような場合は、必要なものをメモやリストにして貼っておき、家族と一緒に確認するという手が有効です。また、鍵などをどのポケットに入れるのかを決めておく、部屋の中ではランドセルなどを決まった場所に置くように習慣付けるなども有効です。

学校でもらったプリントを忘れてしまう・なくしてしまうような場合は、「これがプリントを入れる用」と言ってクリアファイルなど（目立つ色のもの）を用意し、必ずそれに入れるようにするなどの方法もよいでしょう。

理解のポイント

- ＡＤＨＤの子どもによく見られる
- ワーキングメモリーの弱さに起因している
- ＡＳＤの子にも見られる

こんな言葉・対応が心に届く！

大切なのは地道な習慣付けです。持ち物のチェックなどは家族と一緒に行うようにしますが、慣れてきたら少しずつ子ども自身にチェックを任せていきましょう。自分でメモを用意したり、行き・帰りとも持ち物をチェック・確認したりすることを子どもが習慣化することができれば、忘れ物やなくし物は少しずつでも改善していく可能性があります。

相手の反応を見ずにしゃべり続ける

ASDに顕著な特性

発達障害の特性を持つ子どもの中には、「しゃべるのがとても達者」に見える子どももいます。まさに立て板に水、といった感じで流ちょうにしゃべり続けたり、年齢に不釣り合いな大人びた話し方だったり、あるいは話している内容に含まれる知識の量や知識の深さが並外れていたりなどで、一見するとコミュニケーションや社会性に問題があるようには見えなかったりもするのです。

ところがよく聞いてみると、自分の興味のあることだけを延々と、一方的に話しているだけのことも多く、相手の話をまったく聞けなかったり、聞いていても理解できていなかったりすることも多いのです。実際には「会話」になっておらず、相手の反応を見てそれに対応することもできません。特にASDの子どもの場合、年齢不相応なまでにマニアックで専門的な話題を、その話題にまったく興味も関心もない同級生に話し続けてしまうこともあり、クラスで浮いてしまったり、友達ができないと悩んでしまったりする子どもも見られます。

周りの人 ➡ 発達障害の子

ASDの子どもは特定のものに対するこだわりが強く（86ページ参照）、分野によってプロ顔負けの知識があったりします。そのことについて語るのも好きなのは良いのですが、相手がそのことに関心があるか、自分の話に興味を持って聞いてくれているかといったことにはまったく注意を向けません。周囲の人たちは戸惑い、呆れてしまいます。

発達障害の子 ➡ 周りの人

ASDの子どもの頭の中は、「自分の興味のあること」ばかりでいっぱいになっています。それを話す場合に、相手との会話のキャッチボールを成立させるということには、思い至りません。相手との関係性や距離感にも無頓着なので、電車の中で見ず知らずの人に「キジバトはキジみたいな名前だけどハトの仲間で…」と話し始めてしまう子どももいたりします。

このような子どもの話には、知識や情報はたくさん含まれているのに、本人の「気持ち」はほとんど含まれていなかったりします。そこで家族や周囲は、会話の中から本人の気持ちを拾い上げるようにしてみましょう。たとえば、話の中に登場するものについて、「そのヒーローのどこが好きなのか」「その車のどこがどんなふうにカッコいいのか」などを尋ねる、などです。本人が改めて自分の気持ちや考えていることに向かい合うことができたら、そこから段階的にほかの人の気持ちを考えることができるようになる可能性があります。

理解のポイント

- 自分の好きなことをしゃべるのは得意で、凄い知識があったりも
- 相手の話を聞こうとしない、聞いても理解できないことも多い
- 一方的に話すだけでコミュニケーションは困難

こんな言葉・対応が心に届く！

上のようなケースでは、「ふつうの会話」を習得できていない発達障害の子どもは、最初のうちは自分の「気持ち」や「考え」をうまく言語化することができず、なかなか会話が成立しないことがほとんどです。先を急がず、また子どもの言うことを否定したり叱ったりせずに、時々助け舟を出して話を整理するようにしながら、じっくり向き合っていくことが望まれます。

指示に従えない

指示がすぐに飛んでしまう、または従う意味がわからない

ADHDでもASDでも、発達障害の子どもの中には「指示に従えない」子が少なくありません。そのことにはそれぞれの特性が深く関わっています。

ADHDの子どもは、ワーキングメモリーの弱さ、衝動性の強さのため、指示されたことに対して「うん、わかった！」と答えても、もう次の瞬間にはほかのことをしているということがよくあります。指示されたことがたちまち頭から飛んで、ほかのことに気を取られてしまうからです。

ASDの子どもはこだわりが強く、そのときの自分の気持ちを何よりも優先しがちです。そのため、指示通りに行動しなければならない、ということに意味を見出せず、自分の好きなように行動してしまいます。

特にASDの子どもの場合、「なんでそうしなくちゃならないの？」などと逆に質問し、反抗的な子と思われたりもします。

周りの人 ➡ 発達障害の子

発達障害の特性を持つ子どもは、指示に従って速やかに行動するということがなかなかできません。その理由は障害の特性によってもさまざまですが、とにかく一度や二度の声かけでは動き出さなかったりすることがよくあります。特にゲームに熱中しているときなどは、周囲の声かけに対してかんしゃくを起こしてしまったりすることも…。

発達障害の子 ➡ 周りの人

ADHDの子どもは、楽しいゲームに熱中しているときには、完全にそのことばかりに気が向いてしまい、周囲の声かけに注意を向けることができません。またASDの子どもは、「今はゲームをやっていたい」という自分の気持ちが最優先で、「ご飯を食べなさい」という声かけもまったく意に介さない、といったことが多いのです。

発達障害の子どもは、一般に耳からの情報を処理するのが苦手なことも、指示に従えないということに関係していると考えられます。ＡＤＨＤでもＡＳＤでも、声かけだけでなく、指示をホワイトボードなどに書いて、常に目に入るようにしておくのは効果的です。

またＡＳＤの子どもは、ルール自体は厳格に守りたがるという子も多いので、〝意味〟をひとまず置いて「この時間は先生の言うことを聞く」ということをルール化／マニュアル化することで、指示に従う可能性があります。

理解のポイント

- ＡＤＨＤの子どもは指示がすぐに頭から飛んでしまう
- ＡＳＤの子どもには指示に従う意味がわからなかったりすることも
- 別に反抗しているわけではない

こんな言葉・対応が心に届く！

ワーキングメモリーが弱い発達障害の子どもに対応する際には、地道に繰り返し教えることが肝心です。それと同時に、視覚的なアプローチなど、子どもの心に届くのでは…と思われるさまざまな工夫をトライ&エラーで粘り強く続けていくことが重要になります。発達障害の特性やその度合いは十人十色で、誰にでもすぐに有効な、特効薬的な対処法はないからです。

05 順番を守れない

ADHDでもASDでも見られる特性

列に並んで順番を待つことができない…というのは、ADHDでもASDでも見られる、発達障害によくある特性です。ADHDの特性を持つ子どもは、ブランコや滑り台などの遊具を見ると、順番という概念が理解できていたとしても、「遊びたい!」という衝動が何よりも優勢になってしまい、先に並んでいる子どもが目に入らなくなって割り込んでしまいがちです。また、ASDの特性を持つ子どもの場合は、列に並ぶという「暗黙のルール」自体がそもそも理解できていなかったりします。

ADHDでもASDでも、成長に伴って「列には順番に並ばなければならない」ということは体験的に理解できるようになりますが、発達障害の特性を持つ人には、大人になってからも行列が苦手という人は少なくありません。暗黙のルールを習得していない子どものうちはなおさらで、列・順番（そして割り込み）などを巡るトラブルは、どうしても避けて通れない問題といえるでしょう。

周りの人 ➡ 発達障害の子

ADHDの子どもは、とにかく思ったことと行動がそのまま直結しがちです。「順番を守る」ということを何度も教え、本人も「わかった」と言ったはずなのに、いざとなるとやりたいことにまっしぐら、こちらの制止や注意は耳に入りません。周囲からは「わがままな子ども」「しつけがなっていない」…などと白い目を向けられてしまいます。

発達障害の子 ➡ 周りの人

ADHDの子どもは、今すぐに遊びたいという衝動が先に立ってしまい、脳がブレーキをかけることができないので、つい順番を無視してしまいます。発達障害の子の目に、並んでいる子どもたちの姿はもはや入っておらず、制止する声も意味のある言葉として聞こえていません。これは脳の特性によるもので単なる「わがまま」や「しつけが足りない」のとは異なるのです。

「順番を守れない」「行列に並べない」という特性は、ADHDによる場合もASDによる場合も、辛抱強く説明を繰り返して体験させるのが肝心です。ADHDの場合は、ルール自体は理解できても衝動が先に立ってしまうことがありますが、なるべく叱ったりせず静かに「ちゃんと順番を守ったら遊べるよ」と声をかけて体験させるように心がけましょう。ASDの場合は、口頭で注意しても耳からの情報が頭に入りづらいことがありますので、「遊びたいときは列に並ぶ」というルールを絵や文字で見せることで、すんなり理解できる可能性が高くなります。

理解のポイント

- ADHDの子どもは衝動的に割り込んでしまう
- ASDの子どもは並ぶというルールが理解できなかったりも
- 大人になっても行列・順番が苦手なこともある

こんな言葉・対応が心に届く！

このケースに限りませんが、発達障害の特性を持つ子どもは、問題行動を叱ってやめさせようとしても、叱られたことばかりが記憶に残ってしまいがちです。むしろ、注意に従って順番を守れたときには「よくできたね！」と積極的にほめる…ということを心がけるようにしましょう。その方が子どもの心には、ほめられた成功体験がより強く残るようになります。

こころ

06

特定のものにこだわりすぎる

子どもによってこだわりはさまざま

特定のものに強いこだわりを見せるというのは、特にＡＳＤの子どもによく見られる特性です。電車やバスなどが大好きであれば、駅名や路線などを完璧に記憶していたりすることはよくあることです。ほかにも、同じ服をいつも着たがったり、おもちゃで遊ぶのではなく、集めたおもちゃを並べることに黙々と集中したりする、など、そのこだわりは千差万別です。

子どものそうしたこだわりに対して「このおもちゃも面白いかもしれないよ」、「たまにはこっちの服も着てみたら気分が変わるかもよ？」というように声をかけてしまうかもしれません。これは、特定のものに対するこだわりを和らげたい、興味の幅を広げてほしい、同じ行動の繰り返しをやめてほしいと思っての親心からの発言です。しかし、これらの特性はいずれも脳の機能の偏りによるものなので、子どもには反発され、こだわりはなかなかなくなりません。

周りの人 ➡ 発達障害の子

ASDの子どものこだわりの強さは、周囲の理解が及ばないほどのレベルです。そのような子どもは、両親が気付かないような細部に対しても徹底的にこだわり、しかもそのこだわりには独自のパターンがあったりします。おもちゃの並べ方なども自分のルールに従って完璧にやろうとするので、周囲が手を出すと火が付いたようにかんしゃくを起こし、激怒することも…。

発達障害の子 ➡ 周りの人

ASDの子どもの頭の中には、興味のあることに対する膨大なデータが詰め込まれていくことがよくあります。電車の車両の種類や駅の順番などはすべて決まっているもので、その法則性のようなものが心地よく感じられるのでは、とも考えられています。逆に、本人のこだわりに合致しないものにはまったく納得できないということにもなるのです。

特定のものに対するこだわりは、成長とともに和らいでいくことがあります。その過程で、日常生活に大きな支障がない限りは、ものに対するこだわりや執着はある程度許容する必要があるかもしれません。

　また、成人するにつれて、ものに対する強いこだわりが、人生を豊かにする趣味になっていくこともあります。こだわり自体が完全になくなることはあまりないと考えられているので、長い目で見守っていくのが望まれるところです。

理解のポイント

- 特にASDの子どもによく見られる
- 特定のものにこだわり、並外れた記憶力を発揮することも
- こだわりに合わないものは受け付けられない

こんな言葉・対応が心に届く！

特定のものごとに対する強いこだわりは、その道のプロにも負けないような、その子どもの強みになる可能性があるかもしれません。実際に、ASDの特性であるこだわりや記憶力などがよい方向に活かされて、大人になってから専門的な分野で活躍している人も少なくないのです。こだわりを叱ったり否定したりせず、じっくり付き合っていくようにしましょう。

こころ

07

ルールに厳しすぎる

変化が苦手な分、ルールにこだわる

発達障害、特にＡＳＤの特性を持つ子どもは、ものや数字などに対するのと同様に、ルールや手順などを守ることに強いこだわりを見せることがよくあります。歯磨きや洗顔や入浴など、日常に必要な行動もすぐに手順を覚えてしっかりやれるようになるので、手がかからない子と思われることも多いのですが、一方でそのような子どもは、毎日同じことを同じ手順で行う「ルーティーン」や、ルールをどこまでも厳格に守ることなどに対する執着があまりにも強すぎる、と感じられることも少なくありません。

もちろんルールを守ること自体は素晴らしいことですが、このような子どもの場合、状況の変化に対応するのが苦手で、いつもと同じ道を通れないなど、ルーティーンが少しでも崩れるとパニックになってしまったり、ルールを守ることにあまりにも厳しすぎたり、また自分の中の独特なルール（「今日は４日だから電車は絶対４号車に乗る」など）を周囲にも押し付けようとしたりして、トラブルになってしまうことがあります。

周りの人 ➡ 発達障害の子

ASDの子どもは、社会のルールを厳格に守ろうとする一方で、親に言われたことも例外なく守ろうとしたり、自分内のルールに強いこだわりを見せたりすることもよくあります。一見関係なさそうに思えますが、「うそをついてはいけない」ということを厳密に守っているため、知らない人の容姿などについて失礼なことを口走ってしまったりするのもこのタイプです。

発達障害の子 ➡ 周りの人

「ご飯は残さず食べる」というのは家庭でも学校でも大事にされる教えですが、食べきれないほどの量を無理に食べる必要はありません。しかしASDの子どもはそれを絶対的なルールとして厳守しようとしてしまうのです。また、お皿やペットボトルなどをその都度空にしないと気が済まない…という強いこだわりを持っている場合もあります。

ＡＳＤなどの特性を持つ子どもがルールや行動の順序を厳格に守ろうとするのは、状況の変化に対処することが苦手で、変化や予測できないことに対する不安が強いため、安心感や安定感を求めていると考えられています。

しかし、日常の中では予測できないことや突発的な事態、そしてルールを適用しないでいい例外なども少なからずあるのは当然のことです。ルールやルーティーンに対するこだわりが強すぎる子どもにそのことをわかってもらうには、焦らずに時間をかけて繰り返し説明していく必要があります。

理解のポイント

- 日常生活や社会のルールをどんなときでも厳しく守ろうとする
- 自分独自のルールを定めることも
- 状況の変化に適応するのが苦手でルールを守ることによる安心感を求めている

こんな言葉・対応が心に届く！

ほかの問題行動に対する対処でもいえることですが、子どものこだわりに対して、それを否定するような言葉かけをしないことが大切です。ルールを守ろうとすること、実際にルールをきちんと守れること自体は本当に素晴らしいことですし、まずはその子どもがルールを守れる真面目な子であることをきちんと認めてあげる、という立場に立つことを心がけましょう。

こころ

08

暗黙のルールがわからない

目に見えないものは理解が難しい

「暗黙のルール」や「場の空気」といったものは、子どもでもかなり小さいうちから察知できることがあります。たとえば冠婚葬祭、特にお葬式などの厳粛な空気感は、よくわからないなりに子どもにも敏感に伝わり、なんだか神妙な顔をしていたりするものです。

ところがＡＳＤの特性を持つ子どもは、「明文化されたルール」は頑ななまでに守ろうとする一方で、目には見えない暗黙のルールや雰囲気、空気感のようなものを察知することがとても苦手です。そのため、お葬式の最中でもずっとしゃべり続けていたり、お経が面白く感じて笑い出してしまったりします。

変化や突発的な状況が苦手なＡＳＤの子どもは、いついかなる場合でも同じふるまいを貫くことで、自分の中の安定を保とうとすることがよく見られます。お葬式の場で笑ってしまったり騒いでしまったりするのも、その子にとっては「いつも通り」の行動です。性格的な問題ではなく、まして親御さんのしつけが足りないからでもありません。

周りの人 ➡ 発達障害の子

ASDの子どもの多くは、その場に合わせたふるまいができません。彼らには、明文化されていない「その場にふさわしいふるまい」という暗黙のルールが察知できないのです。場の空気に合わせておとなしくしていられないそのような子どもは、事情を知らないよその人たちからは「しつけのなっていない子」という印象を持たれてしまいます。

発達障害の子 ➡ 周りの人

定型発達の子どもなら「この場は静かにしていなきゃならないみたいだな」と思うような場の空気が、ASDの子どもにはわかりません。彼らは自分の気持ちが最優先で、どこでもいつも通り過ごそうとしがちです。またADHDの子どももじっとしているのが苦手なため、お葬式のような場は苦手としています。それらはしつけのせいではありません。

ＡＳＤの特性を持つ子どもは、ルール自体を守ることは得意な場合がほとんどです。そのため、「暗黙のルール」を説明することによって理解してもらうというのは、決して不可能ではありません。「お葬式のときは静かにしていないといけないんだよ」ということをルールとして示せば、それに素直に従える可能性があります。それが本当に「理解」できているかというのは別の問題ですが、成長とともに「こういうときにはこういう風にする」というのがとりあえず身に付いていく、というケースは少なくないのです。

理解のポイント

- 目に見えないことは理解しにくい
- 雰囲気や場の空気を察知するのが難しい
- どのような場でも「いつも通り」の行動をしてしまう

こんな言葉・対応が心に届く！

「その場にふさわしい行動ができる」というのは、社会生活を営むうえでとても重要なことです。発達障害の特性を持つ子どもでも、わかりやすく簡潔な説明を繰り返すことによって、それを習得できるようになっていくものです。何より大切なのは、シンプルな言葉を選んでわかりやすく伝えること、そして何度も根気よく伝えていくことです。

09 あいまいな表現がわからない

言葉かけは具体的・簡潔に

ＡＳＤの特性を持つ子どもは、抽象的・あいまいな表現を理解するのがとても困難です。これは脳の機能の偏りのため、抽象的な言葉やあいまいな表現などを頭の中で具体的なイメージとして想像する力が弱いためと考えられています。

たとえば、「あれ」「これ」「それ」がどれを意味するのか、「あっち」「こっち」「そっち」がどっちのことなのか、ＡＳＤの子どもにはなかなか理解できません。また、「早く帰りなさい」と言われて、走って帰ろうとしたり、「いいかげんにしなさい」と言われてもそれにどういう裏の意味があるのかわからなかったりします。

遠回しな言い方や皮肉などが通じず、言葉をそのままに受け取ってしまうのも、ＡＳＤの子どもにはよく見られます。そのため、冗談を言われて激怒してしまうこともよくあります。相手が呆れて「好きにすれば？」と言ったのを、「好きにしていいんだ」とそのままとらえてしまう例などは、ＡＳＤの大人でも珍しくありません。

周りの人 ➡ 発達障害の子

遊びに夢中で、友達の家に長居してしまう…というのは、定型発達の子どもでも珍しいことではありません。ただし、「そろそろ帰ってもらおう、帰した方がいいのでは」と思っての大人の婉曲な声かけは、発達障害、中でもASDの子どもにはまったく通じなかったりします。キョトンとした顔をされる、というのが関の山だったりするのです。

発達障害の子 → 周りの人

あいまいな言葉や遠回しな表現が理解できないASDの子どもは、「そろそろ（帰る）時間じゃない？」と言われても、「何の時間だろう？」となってしまいます。このような場合、「そろそろ帰る時間だよ」「もう帰らないとお母さんが心配するよ」といった、より直接的な声かけをすることで、ASDの子どもでもわかってくれることが多いのです。

このような特性を持つ子どもへの対処は、非常にシンプルです。とにかくあいまい・抽象的な表現を避けて、具体的・わかりやすい言葉で簡潔に話すようにすることが、何よりも重要になります。「テーブルの上にあるしょうゆを取って」「車が来て危ないから道路の右端に寄って」「寄り道をしないで家に帰りましょう」「○○はやってはいけないことだよ」など、具体的な言葉をかけましょう。ＡＳＤの子どもは、指示が具体的であればそのとおりにきちんとできることも多いのです。

理解のポイント

- 抽象的な表現を具体的なイメージとして想像できない
- 具体的でない指示が理解できない
- 言葉をそのままに受け取ってしまうことも

こんな言葉・対応が心に届く！

人間は、他人の悪口を言っても自分の心にネガティブな影響があるといわれます。それに似ていますが、ASDの子どもは「ダメだよ」と否定的な言葉かけをされると、自分を非難・否定されているように感じてしまうことがあります。子どもには具体的なだけでなく、なるべくポジティブな言葉で話しかけることを心がけましょう。

こころ

10

相手の気持ちがわからない

実は自分自身の気持ちにも向き合えていない？

「自分の好きなものや特定の行動に対するこだわりが強い」「相手の反応を気にせず自分の話したいことをしゃべり続ける」「自分のルールやいつも通りの行動にこだわる」「暗黙のルールや場の空気を察知できない」など、これまでに説明してきた特性から容易に想像できると思われますが、ＡＳＤの子どもは、相手の気持ちを理解することが大変苦手です。タイプによっては、そもそも他者にまったく関心がなく、自分の世界で生きてしまっている子どもも見られます。そのような子どもは相手が直接的に何らかの反応（嫌がったり注意したりするなど）をしても意に介さずに、ひたすら自分のペースで行動しようとすることが多く、まして相手の表情やしぐさなどから気持ちを推測するなどということはできません。

また、そのような子どもはほかの人の気持ちがわからないだけでなく、自分の気持ちを言葉などで適切に表現することも不得手としています。不快な感情をすべて、怒鳴ったり人を叩いたりといった暴力的な形で表に出す子どもも少なくありません。

周りの人 ➡ 発達障害の子

ASDの特性を持つ子どもは、相手の気持ちを理解したり、共感したりすることが困難です。自分にとってのよいことや楽しいことは他人にとっても同じはず、と思うばかりか、そもそもそのようなこと自体を最初から考えもしないことも多いので、自分の「好き」を押し通したり無理強いしたりして、周囲に嫌がられてしまうことがあります。

発達障害の子 ➡ 周りの人

ASDの子どもは、たとえば自分が「トンボがかっこいい」と思ったら、ほかの人にはそれ以外の好みや価値観も存在する、ということは想像が付きません。相手がトンボを嫌がっていることに気付いたとしても、相手の気持ちを想像することはできず、独自の思考回路で、それは相手が間違っているからだ…という結論に達してしまうのです。

ＡＳＤの子どもは明文化されたルールを守ったり、マニュアルなどに従ったりすることは得意なので、相手の表情やしぐさから「相手は（きっと）こう思っている」ということをある程度マニュアル化して教えることができれば、それに沿った対応をすることは、決して不可能ではありません。また、成長とともに自分の考えや気持ちを適切に表現するための語彙を獲得することも可能になっていきます。ただし、それらにはとても時間がかかるということを覚悟しながら、気長に向き合っていく必要があるでしょう。

理解のポイント

- 自分の気持ちやこだわりが最優先で、相手の気持ちを考えられない
- そもそも他者にまったく関心がないことも
- 自分の気持ちを表現することも苦手

こんな言葉・対応が心に届く！

ASDの特性を持つ子どもは相手の気持ちがわからないだけでなく、こだわりの強さで場にそぐわない行動をしてしまうことが少なくありません。そのような子どもが相手の気持ちや場の空気に対応するのはとても困難ですが、多くの場合は子ども自身も「ちゃんとできない自分」に悩んでいるものです。辛抱強く、長期的に対処していくことが望まれます。

11 同時にいろいろなことができない

大人になってから仕事に支障をきたすことも多い

同時進行で複数のことができないというのは、脳の機能の偏りによる、ＡＳＤの典型的な特性のひとつです。ＡＳＤの大人の場合、たとえば電話の応対をしながら相手の言うことをメモできないなど、日常生活や仕事に支障をきたすことがありますが、これは子どもの場合でも同様で、教科書を見ながら先生の話を聞くなど、定型発達の子どもならふつうにできるようなことができない、という困りごとに結び付きます。

ＡＳＤの特性を持つ子どもが好きなことばかり話して相手の話を聞けないというのにも、同時進行で複数のことができない特性がある程度関わっています。話すだけ、あるいは聞くだけならそう難しくありませんが、相手の話を聞いて、それを自分の中で整理しながら思ったことを返していく、というのは、ＡＳＤの子どもにはとてもハードルが高いのです。

周りの人 ➡ 発達障害の子

このようなケースでは、ASDの子どもは先生の話をよく聞いているように見えるものの、実際には手は止まってしまい、ノートをとることはできていません。一生懸命ノートをとろうとする子どももいますが、その内容はまったく要領を得ない走り書きになってしまっていることもあります。結局、授業の内容はよく理解できないままなのです。

発達障害の子 ➡ 周りの人

定型発達の子どもは、先生の話を聞きながらノートをとる…ということが無意識にできていますが、ASDの子どもは、何かひとつをやろうとするとほかのことが頭から飛んでしまったりするため、うまくできません。もちろん学習にも支障をきたしますが、こうした特性が大人になってからも残っていると、社会に出てからさらに困ってしまうことも多いのです。

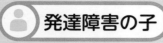

同時に複数のことをすることが難しいASDの子どもでも、単一の作業は集中してやれることが多いものです。そのような子どもに対応するには、そのときにやることをひとつずつに分解することが有効です。

たとえば、先生が話しながら黒板に板書するのではなく、黙ったままで板書して、それからその内容をノートに書きとるのは、ASDの子どもにもそれほど難しくありません。そのうえで先生が説明すれば、授業の内容をスムーズに理解できる可能性が高くなるでしょう。

理解のポイント

- ASDの子どもによく見られる
- 何かひとつだけならスムーズにできることも多い
- 大人になっても困ることがある

こんな言葉・対応が心に届く！

ASDの子どもが学習をスムーズに進める秘訣は、学習することの内容をできるだけ小分けにして、そのうえでひとつずつ着実にクリアしていくことです。現場での充分な配慮があれば、成果が期待できます。

こころ

12

集団よりも一人が好き

特性が原因で一人でいることを好むようになる

発達障害、特にＡＳＤの特性を持つ子どもの中には、友達の輪に入ろうとしない子どもが少なくありません。多くの子どもは3歳ころには複数の子で遊ぶのを好むようになりますが、発達障害の子はそもそも他人に興味を持てなかったり、集団で行動する意味が理解できなかったりするため一人でいることを好むようになることがあります。

また、ＡＳＤの中には規則的なパターンを好む子が多いといわれています。日常生活のルーティンや持ち物へのこだわりなどと同様、遊びの分野でもそれが当てはまります。例えば、おもちゃなどを延々と並べたり（86ページ参照）、カーテンが揺れるのを何時間も見ていたりするのを好む子もいます。こうした行動を満足いくまでやりたいため、結果的に一人を好むようになるのです。

周りの人 ➡ 発達障害の子

みんなが一緒に遊んでいるのに、ASDの子どもは一人でアリを見続けています。このように、集団に交わらず一人で過ごしている姿は、発達障害の子どもにはよくあることです。本人は気楽そうに見えますが、子どものうちはそれで済ませられても、社会人になってからを思うと親御さんは心配になってしまうこともあるかもしれません。

発達障害の子 ➡ 周りの人

ASDの子どもは、他人に興味がなかったり、変化を嫌ったりするため、一人でいることを好みがちです。他人と関わるのはいい意味でも悪い意味でも「いつも通り」が崩れる可能性が高いものです。ASDは「いつも通り」を好みますので、変化のない、自分だけの世界が何より安心なのです。このような子を無理に集団になじませようとしてもストレスになってしまうことがあります。

このような特性を持つ子どもは、いきなり集団になじませようとせず、時間をかけて慣らしていく必要があります。そのためには、集団での遊びや行動の合間に、一人で落ち着ける時間を作ってあげることが有効です。おもちゃなど、本人の好きなものを持たせて参加させることも、安心感につながる可能性があります。また、集団行動などの社会的なスキルを養う「ソーシャルスキルトレーニング」を行っている医療機関もあります。

理解のポイント

- ＡＳＤに見られる
- 他人に興味がなく、規則的なものを好む特性が原因
- 他人といると疲れることが原因のこともある

こんな言葉・対応が心に届く！

これまでにも説明してきたことですが、対応の際には「みんなと一緒に遊んだら？」などその子の現状を否定するような言葉かけをなるべく避けるようにしましょう。自分を否定されず、肯定的な感情を積み重ねていくことができれば、自然と集団になじんでいく可能性があります。また、仮に集団になじまなかったとしても「それはそれで」と割り切ることも必要です。その子がなるべく人と関わらずに生きていける道を探しましょう。

ルールを守れない

感情を抑えられないor過剰なこだわりを守ろうとする

「ルールを守れない」というのは、ADHDの子にもASDの子にも見られる特性です。ASDの子は気質的にルールを守るのが得意だったりルールを厳格に守りたがったりする傾向を持つはずですが、時折こうした傾向が見られることがあります。

ADHDの特性を持つ子どもは、そもそもルール自体が理解できていなかったり、わかっていてもそのときの感情が先走ってしまい、ルールに注意を向けにくかったり行動をうまく抑制できなかったりして、ルールを守れないことがよくあります。それに対してASDの特性を持つ子どもは、ゲームで負けを認めようとしなかったり、負けると泣いたり暴れたりすることが見られます。また、ルールを自分勝手に解釈したり、自分だけの独自なルールにこだわったりすることも少なくありません。

ASDの子どもは、大人になっても自分独自の「正しさ」にこだわって意見を曲げようとせず、周囲と衝突したり…ということも見られます。

周りの人 ➡ 発達障害の子

「ルールを守れない」というのは、発達障害の子どもによく見られる特性のひとつです。集団で遊んだりする際には、決められたルールを守ることは必須の条件ですが、それを守れず好きなように行動してばかりの発達障害の子どもは、周囲から「勝手なやつ」と疎まれ、次回からは仲間に入れてもらえず孤立してしまうことも少なくありません。

発達障害の子 ➡ 周りの人

このイラストの子どもの場合、ADHDとASDの特性を併せ持っているかもしれない…と想像することができます。走り回って逃げることばかりに意識が向いて、ルールを無視してしまうだけでなく、たとえルールを理解していたとしても「鬼になるのはイヤ」という自分の気持ちや考え方の方を最優先して、ルールを曲げてしまっているからです。

発達障害の子どもには、ルールを説明する場合に限らず、口頭で説明するよりも、絵を用いるなどして視覚的にアプローチする方が、ずっと理解しやすくなります。

また、法律などの社会的に定まったルールを勝手に変えることはできませんが、保育園での遊びの中など限定された場であれば、今あるルール自体を見直し、子ども自身の意見を取り入れてルールを変えるという手もあります。本人も納得し、ルールを守りやすくなるかもしれません。一方、一度決めたことは、必ず守れるように支援することが重要です。

理解のポイント

- そもそもルールが理解できないことも
- 感情が先走ってルールに注意が向かない
- ＡＳＤの子どもは独自の自分ルールにこだわってしまうことがある

こんな言葉・対応が心に届く！

このようなケースでも、子どもがルールを守れないのを叱るよりも、できたことをほめながら伸ばしていくことを大切にしましょう。「できる」「できた」という成功体験は、子どもの自己肯定感を養うために必要不可欠で、できたことの積み重ねがよい習慣となっていきます。注意する場合は感情的にならず、辛抱強く繰り返しルールを教えることが重要です。

こころ

14

自分の思うがままに行動してしまう

周りに合わせることに意味を見出せない

78ページの「指示に従えない」、110ページの「集団に入れない」、114ページの「ルールを守れない」にも通じるケースですが、発達障害、特にASDの特性を持つ子どもは、みんなと一緒に行動することができず、一人だけ自分の思うがままに行動してしまい、クラスなどで浮いてしまうことがあります。運動会で、一人だけまったく違うダンスを踊っていたりするのが、このようなタイプです。

これもまた、指示に従えない子どもや集団に入れない子ども、ルールを守れない子どもなどに共通することで、このような子どもは、そもそも「みんなと一緒に同じ行動をする」ということに意味を見出せず、「自分がそのときにやりたいことをやる」というのが最優先になっているのです。もちろん、「集団から浮いてしまうことを気にする」などということは、まったく考えもしません。

一方で、先生などが無理矢理みんなと一緒に行動させようとするほど、反発してしまうこともあります。

周りの人 → 発達障害の子

今は算数の
時間だよ？
どうして国語の教科書を
見てるの？
え、国語の教科書に
面白い話が載ってたから

授業中の科目とまったく関係ない教科書を開いている、体育の授業や遠足の最中に集団から離れて勝手な行動をしてしまう、「質問はありますか？」と言われて授業の内容と無関係な質問が出てしまう…ASDの子どもの行動は、ある意味“自由”が過ぎることがよく見られます。注意されても意に介さず、先生や周囲は困惑してしまうのです。

発達障害の子 → 周りの人

こだわりが強いASDの子どもは、自分の気持ちが最優先です。脳の特性のため、指示に従ったり、みんなと同じようにふるまうことの意味が理解できないと考えられます。発明王エジソンが小学校を3ヵ月で退学になったのは有名ですが、彼も先生の言うことに納得できなかったそうで、現在では発達障害だったのではと推測されています。

ＡＳＤの子どもの場合、決められたルールを守ること自体は得意なことが多いので、「とにかくこの場ではみんなと一緒に行動しなければいけない」ということを根気強く教えることで、意味や理由などが見出せないままに、とにかく「そういうルールなのか」ということで集団行動に加われる可能性も低くはありません。一方、無理に集団行動をさせようとすることが本人にとって大きなストレスになる場合も考えられます。活動に大きな支障がない限り、本人の好きなようにさせるのも多少はアリかもしれません。

理解のポイント

- ＡＳＤの子どもによく見られる
- 「みんなと一緒に同じ行動をする」意味がわからない
- 自分のやりたいことが最優先になってしまう

こんな言葉・対応が心に届く！

マイノリティの人たちが何かと生きづらいのは世の常ですが、それでも一昔前にくらべて、障害などを「個性」ととらえ、社会全般に少しずつ寛容さや多様性が重視されるようになりつつあるのは、間違いありません。周りと同じように行動できない特性も、周囲に大きな迷惑がかかるのでなければ、多少大目に見るのも「合理的配慮」のひとつではないでしょうか。

こころ

15 怒りっぽい

不快な感情をうまく表現することができない

ＡＤＨＤでもＡＳＤでも、発達障害の子ども全般によく見られる特性に、「怒りっぽい」というのがあります。それも単に怒りっぽいだけではなく、何の前ぶれもなく突発的にキレるように見えることも多いため、周囲は困惑してしまうのです。

実際には、そのような子どもたちは決していきなりキレているわけではありません。たとえば自分の感情をうまく伝えるのが苦手だったりするだけでなく、特にＡＳＤの子どもは不快な感情がなかなか表情に出にくいことがあり、我慢を重ねた末に爆発してしまうのが、周囲からは「無表情だったのに急に怒り出した」ように見えてしまったりします。

また、本来は多様な表現方法があるはずの負の感情（怒っている、イライラしている、不安や緊張を感じている、悔しいなど）を激しい怒りというひとつのやり方でしか表出できない子どもも多く、そのような子は怒鳴ったり泣きわめいたりするだけでなく、すぐに暴力という形に訴えることも少なくありません。

周りの人 ➡ 発達障害の子

子どもが宿題をやっている様子がないので、当然お母さんは声をかけます。特に声を荒らげたり、しつこく叱ったりしているつもりはないのに、子どもは突然キレてしまいました。お母さんの方は困惑し、「扱いにくい子…」と思ってしまいます。発達障害の子どもの中には、このようにはたから見たら脈絡なく突然怒り出してしまう子もよく見られます。

発達障害の子 ➡ 周りの人

発達障害の子どもはワーキングメモリーが弱いという特性を持つ子が少なくありませんが、一方でうまくできないことが続いて「結局怒られた」という思いだけが長期記憶として残ってしまうことがよくあります。そのような子はイライラをため込んでしまい、あるとき、親の注意に対して「また怒られた！」といきなりキレてしまったりするのです。

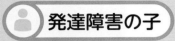

子どもが怒り出したときには、まず落ち着かせ、興奮状態を鎮めるのが先決です。そのうえで、本人の話を聞いて、安心してもらうようにしましょう。

子どもが怒り出す前ぶれが見える場合は、一緒に深呼吸をしたり、一緒に数を数えたりして（6～10程度）、落ち着けるよう促します。それらの方法でクールダウンできないときは、可能ならひとまず場所を移るようにしましょう。

理解のポイント

- 本人は決していきなり怒っているわけではない
- 感情が顔に出にくく、いきなり怒り出すように見えてしまうことも
- さまざまな不快の感情を、怒ることでしか表現できない

こんな言葉・対応が心に届く！

発達障害の特性を持つ子どもは、負の感情がうまく表現できないだけでなく、そもそも自分で自分の気持ちに気付けていないこともよくあります。子どもが不自然にふさぎ込んでいたりする場合は、周囲が「どうしたのかな？」と声をかけ、それから「ちょっと休もうか」とクールダウンを促すことも有効です。子どもが疲れているときなどは、特に配慮が望まれます。

こころ

16

パニックになりやすい

パニックを起こすのにも理由がある

発達障害の特性を持つ子どもと接する際に、親御さんをはじめとする周囲が特に神経をすり減らす事態のひとつに「パニック」があります。パニックは一般に、極度に激しい興奮状態のことを指しますが、その度合いは子どもによってもさまざまです。泣きわめいたりジタバタ暴れたりと、本人にも周囲にも身体的な害がないことも多いですが、場合によっては自分の体を叩いたり傷つけたりする「自傷」、ほかの人を叩いたりかみついたりする「他害」としてあらわれることもあるので、要注意です。

パニックはその度合いだけでなく原因や理由などもさまざまですが、周囲から突発的なパニックと思われる場合でも、本人には明確な理由があることがほとんどです。その場での不快感や怒りなどだけではなく、場合によっては何年も前の体験が「フラッシュバック」することも少なくありません。発達障害の子どもは時間の概念に混乱が見られることがあり、今起きたことと昔の体験の認識がはっきりしないことも多いからです。

周りの人 → 発達障害の子

このイラストでは子どもが犬の看板を見て泣き出した…ということが推測できますが、このようなことが実際に起こったときには、周囲は子どもがどうしてパニックになっているのかまったくわからない、ということも少なくありません。こういったことが時と場所を選ばずに起きるので、親御さんは心労を重ねることになってしまいます。

発達障害の子 → 周りの人

発達障害や自閉症の子どもには、なぜか犬が大の苦手という子が少なくないので、このようなパニックは十分にあり得ます。その場に本物の犬がいるわけではなくても、子どもは犬に追いかけられた記憶、犬が嫌いという感情がその場で一気に爆発し、その気持ちを抑制することができず、脳内がパニックに陥ってしまうのです。

パニックに陥った子どもは突然暴れ出したり周りの人にかみついたりすることもあり、周囲は緊張し困惑しますが、一番困っているのは、実はパニックを起こしてしまった子ども自身です。本人にもわけがわからない混乱だからです。

子どもがパニックを起こしたときには、基本的には無理矢理止めようとしたりせず、本人が落ち着くのを待つようにします。たとえば環境やスケジュールの急な変化など、原因になるものがはっきりしているのであれば、それらから離れるようにしましょう。

理解のポイント

- パニック＝極度に激しい興奮状態
- 自傷や他害などを伴うことも
- 何年も前の体験が引き金になったりすることもある

こんな言葉・対応が心に届く！

発達障害の子どもがパニックを起こしているときには、とにかく子ども自身や周囲の人がけがをしたりしないように注意しましょう。投げたり壊したりしそうなものは遠ざけて、本人が落ち着くまで冷静に様子を見るようにします。周囲の人が慌ててしまうのは禁物です。しばらく静観していれば、ほとんどの場合は落ち着いていきます。

こころ

17 独特な行動様式を持っている

周りからは奇妙に見えるけれど本人には安心

周囲からは奇妙にも見えるような特定の動作を延々と繰り返すというのは、発達障害の特性を持つ子どもによく見られる行動です。体を振り子のように前後に動かしたり、ピョンピョン飛び跳ねたり、手や足を小刻みに動かしたりと、その動作は子どもによってさまざまです。また、体を動かすだけでなく、流れる水をずっと見続けたり、蛇口から出る水を手で受け続けることに没頭したり、傘の柄などの硬いものをかみ続けたり、あるいは匂いをかぐ、なめるなど、特定の視覚や嗅覚や触覚などをいつまでも感じていようとする子どもも、少なくありません。これらの行動は「常同行動」と呼ばれ、同じ動作をしたり感覚を受けたりすることで、安心感や心地よさを得ようとしているのではと考えられています。

中には、家電に貼ってある注意書きのシールや傷んだ本を補修しようと貼ったテープ、また壁紙などを何でもかたっぱしからはがしてしまうという行動も見られます。注意されてもやめないので、周囲は困ってしまうのです。

周りの人 ➡ 発達障害の子

常同行動は、発達障害の子どもが周囲から奇異に見られる大きな原因のひとつです。中でも飛び跳ねたり、特定の言葉を呪文のように繰り返したりするような特性のあらわれ方はよくあります。知的な発達に遅れのない発達障害の子どもは、一見して障害があるとは気付かれにくく、事情を知らない周りの人たちは驚いてしまうことが少なくありません。

発達障害の子 ➡ 周りの人

あ～
ジャンプし続けてると
落ち着く～
ピョン
ピョン

常同行動は、発達障害の子どもにとっては安心や落ち着きを得るための行動ではないかと考えられています。周囲からは落ち着きがなく、奇妙なことをしていると見られがちですが、本人はどうやら同じ行動を繰り返すことで逆に落ち着けているようです。自分で止めることはできず、無理矢理止められると大変なストレスになってしまいます。

常同行動を無理矢理止めようとすると、子どもの気持ちが不安定になり、パニックになってしまう可能性もあります。常同行動は成長とともになくなっていくことが少なくありませんので、自傷することなどが常同行動になっていない限りは、様子を見てもよいかもしれません。

最近では、発達障害の当事者が発信する機会も増え、発達障害の人自身が常同行動の理由などについて書いた書籍がいくつか出ています。それらを読んでみるのも参考になることでしょう。

理解のポイント

- 特定の動作などをいつまでも繰り返す
- 同じことを繰り返したり続けたりして安心感などを得ている
- 自分でも止めることができない

こんな言葉・対応が心に届く！

常同行動でものを壊してしまうようなケースでは、壊してもかまわないような別のものを与えることで対処できる場合があります。たとえば緩衝材（いわゆるプチプチ）など、あまりお金のかからないもので代用できる可能性がありますので、工夫して試してみるとよいでしょう。また、常同行動をほかの行動に導いて代替できる可能性もゼロではありません。

Column

試し行動って何？

あえて怒られそうなことをして相手の反応を確かめる行動

定型発達・発達障害に関わらず子どもは、わざと良くない行動——例えば物を投げたり、周囲の人を叩いたりして、親や教師の反応を見ることがあります。こうした行動は「試し行動」と呼ばれており、「何をどこまでやると怒られるか（あるいは許されるか）」をはかっていると考えられています。これは子どもが「自分は愛されている」という自信を得るための「愛着形成」のため非常に重要な行動であると考えられているのです。もしも幼少期に十分に愛着形成が成されないと、大人になってからもパートナーに対して試し行動をするような「愛着障害」に陥ってしまうことがあります。

定型発達の子であれば試し行動に対しては叱る、罰するなどの対応は効果的ですが、発達障害の子については、そうした対応が間違いであるケースがあります。というのも、例えば「騒がないで！」と注意しているのに子どもが騒いでしまう場合、それが「試し行動」であるのか、「脳の特性による多動的行動」なのか判断が難しいからです。「わざとこちらを困らせるような行動を繰り返す」と感じられる場合、まず専門家に相談し、一緒に対応方法を考えていくのがよいでしょう。

第4章

学びの特性編

発達障害の子とまなび

小学校に上がってから発覚することが多いLD

知的な認知能力の指標としてよく知られているものに、知能指数（IQ）があります。知能指数は100を標準として、70未満の場合にはいわゆる知的障害とされています。一方で、IQが130を超えると、いわゆるギフテッドと呼ばれます。そのような人々は人口の2％ほど存在するといわれます。

ところで、発達障害の特性を持つとされる人の中には、知能自体には問題がないはずなのに学習の成果がどうしても上がらない、LD（学習障害）が含まれるというのは、第1章で説明したとおりです。学習に障害があることは、当然ながら学習をする機会がなければ明らかになりません。そのため、LDが問題になるのは小学校に通い始めてからがほとんどで、学年が上がるほど問題が大きくなることが多いのです。

IQが100以上どころか130以上あっても、LDと診断されることがあります。そのポイントとして、「特定の教科の習熟度が通常より1～2年遅れている」ということが挙げられます。

つまり、LDの子どもには「国語は天才的にできるのに数学は壊滅的にできない」「しゃべるのは達者なのに読み書きには難がある」…といった極端な凸凹が見られることも多いのです。

当然ながら、LDの子どもが学習の中でできないことがあるのは、努力が足りないからではありません。どんなに努力しても、特性として苦手な分野があるのです。

重要なのは、発達障害の子どもに対して「やればできる」「努力が足りないからできない」という精神論的な思い込みを排除し、子どもがLDの特性から抱えてしまっている学習上の困りごとにフォーカスした支援を行うことです。

LDはADHDやASDなどの特性と重複してあらわれたり、手先の不器用さなどを伴うこともあり、一人一人の子どもに合わせてそれぞれに配慮していくことが望まれます。

話すのが苦手

思ったことを相手に伝わるように話すのが困難

ＬＤの特性を持つ子どもの中には、知能の発達に問題がなく、相手の話はきちんと理解しているのに、話すことが苦手な子がよく見られます。話そうとしても言葉がうまく出てこなかったり、言い間違いが極度に多かったり、思い浮かんだことを頭の中で整理して、順序だてて話すことができず、話があちこちに飛んで支離滅裂になってしまったりするのです。

自分が思っていることをうまく口に出すのが苦手ということは、自分の困りごとを家族や周囲の人に伝えるのも困難ということでもあります。そのような子どもは、学校などで話し方をからかわれたりして、傷つくことも多く、そのため自分の殻に閉じこもってしまい、極端に無口になってしまったり、不登校になってしまったりすることも少なくありません。

また、ＬＤとＡＳＤの特性を併せ持つ子どもの場合には、相手の話すことがあいまいな表現だとなかなか理解できずにうまく返答ができなかったり、何気ない日常的な雑談がまったくできない子も多く見られます。

周りの人 ➡ 発達障害の子

このお話を読んで
どう思いましたか？
えっと寒そうでした…あっ
キツネの親子が…あと
ドキドキしました。
かわいかったです。
少し怖くて、あと見つかりそうだった
ときに…

LDなどの特性で話し下手な子どもは、うまく話そうと思えば思うほどつっかえてしまい、言葉が全然出てこないことがよくあります。テストの成績はとてもよく、文章もきちんと書けて、こちらの言うことも明らかに理解できているはずなのに、いざ話そうとすると言葉が出てこず、周りの子どもに笑われてしまったりするのです。

発達障害の子 ➡ 周りの人

このような子どもは、頭の中には考えたことや話したいことがたくさんあるのに、それをうまく整理して口にするのがどうしてもできないことがあります。また、ふだんはふつうに話せるのに特定の場面で固まってしまう「場面緘黙《かんもく》」と呼ばれる症状は発達障害とは区別されていますが、そのような子どもの中にも発達障害の子が含まれると考えられているのです。

話すことが苦手な子どもに対しては、先を急がせることなくじっくり話を聞く必要があります。そのうえで、本人が話そうとしていることを推測しながら、時々こちらで助け舟を出して話を整理してもらうようにしましょう。

また、いわゆる「5W1H」（「いつ」「どこで」「誰が」「何を」「なぜ」「どのように」）が明らかになるように、時々質問をすることで、子どもが話の内容を整理する手がかりを得られることがあります。うまく話せないが書くことはできるという子には、書いてもらってもよいでしょう。

理解のポイント

- 話そうとしても言葉がうまく出てこない
- 頭の中を整理して順序だてて話すのが苦手
- ＡＳＤなどの特性を併せ持つ子どもも多い

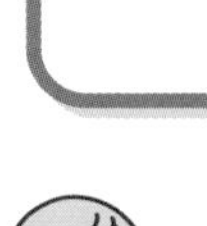

こんな言葉・対応が心に届く！

とにかく焦らず・焦らせず、時間をかけてじっくり話を聞くことで、子どもは安心して話せるようになります。子どもが言いよどんだりしたときは、「〇〇だったのかな？」とこちらで言葉を補ったり、話の筋道に合いそうな選択肢を示してそこから選んでもらう…なども有効です。その際こちらも、できるだけ短く簡潔な、正しい言葉遣いで話しかけるようにしましょう。

読むのが苦手

話すのは得意なのにうまく読めない

文字や文章などを読んで理解したり、声に出して読んだりすることが苦手…というのは、「難読症」「識字障害」などとも呼ばれ、LDの子どもにとても多い特性です。知的発達に遅れがなく、話すのは得意だったりするのに、どうしてもスムーズに読めません。

定型発達（発達障害がない状態）であれば、文字を見てその読み方（音）を理解するのと、言葉の意味を理解することは、特に意識せず自然にやっていることです。ところがLDの子どもは、それがなかなかできません。たとえば「そらがあおい」と書いてあるのを「空」「が」「青い」とすぐには理解できず、「そ・らが・あ・おい」と読んでしまったりするのです。

また、白い紙と黒い文字のコントラストが極端に強く感じられ、文字が浮き上がるように見えたり、ゆらゆら動いて見えたりして、うまく読めないこともあります。また、「同時にいろいろなことができない」（106ページ参照）特性のため、「読む」ことと「理解する」ことが並行してできないという子どももいるのです。

周りの人 ➡ 発達障害の子

たとえば「そこへきりんが…」と書いてあった場合、定型発達の子どもは文字の音と意味を特に意識することもなく理解して、「そこ」「へ」「きりん」「が」と読むことができます。ところが難読症の子どもにはそのようなことがスムーズにできず、なかなかそのように読めません。特に話すことがふつうにできる子どもの場合、周囲は「なんで？」となってしまいます。

発達障害の子 ➡ 周りの人

難読症の子どもは、文字と音と意味の関係がすぐに了解できず、「そこへきりんが…」を「そこ」「へきり」「んが」と読んでしまったりします。これでは文の意味を理解することなどできません。また、視覚過敏の子どもには、文字そのものが周囲にはまったく想像もできないような奇妙な見え方をしてしまっていることもあるのです。

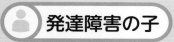

子どもがひらがな一文字ずつは問題なく読めるようであれば、そこから短い単語をひとつずつ、赤鉛筆で丸をつけて時間をかけて覚えてもらうようにしましょう。そこから一気に本や教科書を読むのはまだハードルが高いので、たとえば短い単語の組み合わせや簡単な例文をたくさんつくって、読んで聞かせたり一緒に音読するようにしたりします。

また、字が大きいとスムーズに読みやすかったり、「白い紙に黒い文字」でなければ読みやすかったりする子も少なくありません。

理解のポイント

- 文字を読んでその意味を理解することがスムーズにできない
- 視覚過敏のため文字が読みづらいことも
- 読むことと意味を理解することが同時並行で処理できない子も

こんな言葉・対応が心に届く！

読むことがうまくできないという特性は、小学校に入るまで明らかにならないことが多く、日本では診断の基準自体もまだ十分に確立していません。そのため「怠けている」「努力が足りない」と思われがちです。読むのが苦手な子どもには読むことを無理強いせず、LDが疑われる場合には早めに医療機関につないでいくことが望まれます。

まなび

03

書くのが苦手

話せるのに書くことが極端にできない

読むのが苦手な子どもには書くことも苦手な子が少なくありませんが、一方で話すことや読むことには問題がないのに、書くのはうまくできないという子どもも見られます。

54ページ「不器用で細かい作業が苦手」のケースにも通じますが、脳からの字を書こうという指令が、脳の機能的な偏りのために手や指にスムーズに伝わらないと、字を書くのに苦労することになります。筆記用具を正しく持つことができなかったり、文字の大きさがバラバラになってマス目をはみ出したりするのも、同じ原因によると考えられています。

読むのが苦手な子どもには、文字が回転したり逆向きに見えてしまったりする子がいますが、書くのが苦手な子にも同じようなことがあり、「く」と書こうとしているのに90度回転して「へ」にしか見えなかったり、鏡文字になってしまったりすることもあります。濁点・半濁点・長音・促音がうまく書けなかったり文字が抜けてしまうことも多く、たとえば「ハッピーサプライズ」と書くつもりが「バッピサライス」になったりもするのです。

周りの人 ➡ 発達障害の子

LDの子どもの中には、書くのが極端に苦手という子が少なからず見られます。「く」がひっくり返って鏡文字になってしまったり「へ」になってしまったり、「ね」が「わ」になってしまったり、「コーヒー」が「こおひい」だったりするのです。字の大きさも一文字ずつバラバラで、マス目に収まらなかったりすることも珍しくありません。

文字がうまく書けない子どもの中には、頭の中で書こうと思ったことが指先にまでうまく伝わっていない、あるいは手や指自体が思ったように動かせないということがよくあります。本人も綺麗に書こうと思っているのですが、どうしてもうまくいかないため辛い思いをしています。鏡文字や横倒しの文字を書いてしまうような子どもは、読む際にも同じように見えてしまっている可能性が否定できません。

障害の有無に関係なく、ひらがなの練習帳では薄い線をなぞって書くことから始める場合が多いですが、書くのが苦手な子どもはそのようななぞり書きからじっくり取り組みましょう。文字の大きさがバラバラになる子どもでは、マス目に補助線のあるノートなら書きやすいという子もいます。

また、最近では小学校でもタブレットを導入するところが増えてきている一方で、一般的な社会生活でも文字を手書きする機会はどんどん減ってきています。書けないことをサポートしやすい時代になってきています。

理解のポイント

- 脳からの指令が手・指にうまく伝わっていない
- 筆記用具をうまく持てないこともある
- ふつうに書こうとしているのに文字が回転・反転してしまったりすることも

こんな言葉・対応が心に届く！

読むのも書くのも苦手としている子どもの場合、まずは読めるようになることから始めましょう。たとえば回転・反転した文字を書く子どもは、読んでいるときにもそのように見えてしまっている・感じてしまっている可能性がありますので、スムーズに読めるようにならないで書くことだけを練習しても、効果がなかなか上がりづらいことがあるからです。

まなび

04

算数が苦手

計算と推論が苦手な「算数障害」

ＬＤの子どもの特性には「算数が苦手」（算数障害）というのも見られます。子どもによって困りごとはさまざまですが、一般に「計算」と「推論」の能力の弱さが問題とされます。

たとえば、３桁の数字のそれぞれの関係（一の位、十の位、百の位）が理解できず、関係ない桁の数字を使って計算しようとしたり、紙に書いて計算することはできても暗算がまったくできなかったりします（その逆の場合も見られます）。２桁以上の引き算をするときにはよく「隣の桁から10借りてきて…」などと説明されることがありますが、それもＬＤの子どもには理解が難しいことが多く、文章問題が解けないのもこのようなタイプです。

グラフや表の見方や、それが何を意味しているのか理解できなかったりすることもあります。

ＡＳＤの特性を併せ持つ子どもの場合には、計算の最中に「繰り上がりとは…？」と考え始めてしまって、計算そっちのけになってしまう子どもも見られます。

周りの人 ➡ 発達障害の子

10まではふつうに数えることができて、1桁の計算ならできる、という子どもでも、2桁になったとたんにいきなりつまずくというのは、LDの特性を持つ子どもによく見られることです。周囲からは「どうして1桁の計算ができるのに、わからないのだろう…？」となってしまいますが、本人には本当にわけがわからなくなってしまうのです。

発達障害の子 ➡ 周りの人

イラストでは子どもが2桁の足し算に苦労していますが、これはそれぞれの桁の関係が理解できないからです。さらに引き算だったりすると、LDの子どもには本当に理解不可能になることが少なくありません。たとえば「30－28」など、一の位がゼロなのに、そこからどうやって引いたらいいのかがまったくわからず、混乱してしまうのです。

発達障害の子どもは、視覚的なイメージはよく理解できることが多いため、たとえば数字の桁ごとにマス目があったりすると、計算の間違いがぐっと少なくなったりすることがあります。九九ができない子どもも、無理に暗記させようとするのではなく表を使う方が効果的です。また、文章問題などは一度に考えたり解こうとしたりするのではなく、切り分けて少しずつ理解するようにします。大切なのはむやみに叱らないことです。まずはお風呂で数を数えることなどから、日常的に根気よく取り組んでいくことが必要とされます。「大人の人でも今はみんな電卓で計算しているよ」など気楽になれる言葉がけも有効です。

理解のポイント

- 子どもの特性によって苦手なことはさまざま
- 主に「計算」と「推論」の能力が問題とされる
- ＡＳＤが関わっていることも

こんな言葉・対応が心に届く！

子どもに計算ドリルなどを無理矢理やらせるのは逆効果です。最近では学校教育の現場でも電卓が使用されることも増えてきていますし、親御さん自身も日常の中で暗算や紙に書いての計算をする機会はそう多くないのではないでしょうか。「計算なら電卓があるから大丈夫だよ」ぐらいの気持ちで、子どものできることに目を向けた方が、お互いにストレスなく過ごせるはずです。

まなび

05

学びの関連性を持たせることが苦手

九九はできるのに計算ができない？

ＬＤの度合いが軽度な子どもの中には、ひとつひとつのことはそれなりに理解できても、それらが全体の中でどのように関連するのかを理解したり推測したりするのが難しい…という子も見られます。

たとえば、授業の内容がある程度理解できても、それを自分で順序だてて整理することは難しく、教わったこととちょっとでも条件が変わると意味がわからなくなり、質問に答えられなかったりします。学んだことそれぞれを関連付けて理解することが困難なため、別の場面で応用することもできず、九九ができるのにそれを計算に使うことができなかったり、図形は理解できても面積を求める計算式がなぜそうなるのかわからなかったりもするのです。

このような子どもは、知識がたくさんあっても、それぞれの知識を結びつけて考えることが難しく、たとえば単語はいろいろ知っていてもそれをどこでどのように使うかが理解できないため、作文などもどう書いたらいいのかわからなかったりします。

周りの人 ➡ 発達障害の子

たとえば足し算や九九はできても、同じことを文章に置き換えるとさっぱりわからなくなる…というのは、LDの子どもによく見られます。上のイラストでは掛け算ですが、たとえばもっと簡単な「リンゴが５個、キウイが４個、全部で何個？」のような問題にも答えられなかったりするので、周囲は「計算はできているのになぜわからないの？」と不思議がることになるのです。

発達障害の子 ➡ 周りの人

LDの子どもには、「3×2＝6」はわかっても、「リンゴ3個」×「AくんとBくん（2人）」という問いが3×2と同じことを言っている…というのが、どうしても理解できなかったりします。自分の得た別々の知識同士を、頭の中で別の条件に置き換えて考えたり、関連付けて組み合わせて想像してみたりするということがうまくできないからです。

155～156ページのイラストのケースでいえば、口頭でのやりとりで終わってしまっていることが、子どもの理解が深まらない原因のひとつです。たとえば「リンゴ3個」×「Aくんと B くん（2人）」＝「3×2」であることを絵に描いて説明すると、スムーズに理解できることがあります。

この場合に限らず、絵や図などを使って説明する視覚的なアプローチを試すことで、子どもが得た知識などをわかりやすく整理することができ、関連付けの理解が進む可能性は低くありません。

理解のポイント

- それぞれの知識を関連付けることができない
- 九九ができるのにそれをほかの計算に使えなかったりすることも
- 単語は知っていてもそれをどう使えばいいかわからない

こんな言葉・対応が心に届く！

イラストに出てくる子どもはリンゴのたとえを理解できませんでしたが、子どもが興味を持ちそうな、身近な題材に置き換えて説明する…というやり方自体は、有効であることも少なくありません。また、学んだことを応用する能力は、ある程度は家庭で養うことも可能です。たとえば日記を習慣付けてみる、買い物の際などに計算をさせてみる、などがあります。

Column

二次障害って何？

特性に無理解な環境が引き起こす派生的な障害

多動やこだわりの強さなどの一次障害は脳の機能の偏りによるものであることはこれまで説いてきましたが、二次障害は周囲がその子の特性の理解や特性に対する適切な支援が不十分であるために起こる障害です。

学校という場所はどうしても周りの子たちとの違いや優劣がはっきりとあらわれてしまう場所です。そのような環境で「みんなはできているのに自分はできずに迷惑をかける」「自分だけみんなより明らかに低い点数を取っている」などの経験を繰り返し、しかも周りから責められるような環境に居続けると、発達障害の子は周囲に対して過剰に反抗したり、不登校になってしまったりすることがあります。これが二次障害です。

二次障害は、一時障害よりも周りを困らせたり迷惑をかけたりする度合いが激しくなるといわれています。そのため、周囲の人間は単に「言うことを聞かない子」、「わざと人を困らせる性格の悪い子」などという印象を持ち、そうした見方がますますヒートアップする恐れがあるのです。こうした子に対して叱ったり、罰したりする従来のやり方は逆効果で、まず、ひとり一人をよく観察し、その子に合ったやり方を模索していくことが重要です。

第5章

発達障害の子を伸ばすには？

支援があれば能力を発揮できる

発達障害の子を支援する「療育」とは

発達障害の子どもや親御さんに対する支援のひとつに「療育」があります。療育は「発達支援」とも呼ばれ、厚生労働省の「児童発達支援ガイドライン」では、「障害のある子どもに対し、身体的・精神的機能の適正な発達を促し、日常生活及び社会生活を円滑に営めるようにするために行う、それぞれの障害の特性に応じた福祉的、心理的、教育的及び医療的な援助である」と定義されています。子どもへの支援・援助だけでなく、療育の現場では家族に対するさまざまなサポートも行われています。

「療育」というと、何となく治療のようなイメージを持たれるかもしれませんが、第1章でも説明したとおり、発達障害は治療すべき「病気」ではなく、療育で発達障害の特性が消えたりするわけではありません。それでも、専門家のサポートを得て一人一人の子どもの特性に合わせた適切な支援をしていくことで、その子なりの成長を促し、困りごとを減らしていくことが期待できます。

療育施設では保育園などとは違い、年齢ごとのクラスではなく特性によってクラス分けが行われるのが一般的です。そして、作業療法士、臨床心理士、言語聴覚士など専門的なスキルを持つスタッフが保育士らと協力し、子どもの特性に合わせた環境づくりや、生活支援などを行っています。

行われる療育の内容や時間、期間などはそれぞれの療育施設や子どもの特性などによってもさまざまです。役所の福祉課や発達障害者支援センターなどで、自宅に近い施設や療育の内容などについて相談したり調べてみたりするとよいでしょう。

療育では家族に対する支援も重視されています。家族だけで悩んで孤立することなく、早いうちから積極的に療育につないでいくことで、家族の気持ちにも余裕が生まれるでしょうし、そのことは子どもの気持ちの安定にもつながるはずです。

構造化
次はおべんきょう！
8じ たいそう
10じ べんきょう
12じ おひるごはん
…
視覚支援
あっ！
手をあらわなきゃ

△耳で指示を聞いても頭の入らない子には絵で見せる「視覚支援」、次に何をしたらいいかわからなくなりがちな子には「構造化」で見通しを立てるなどの支援がある。

ＡＢＡ（応用行動分析）メソッドとは

行動の理由や目的を探るＡＢＡメソッド

療育の現場でも用いられている支援の方法のひとつに、ＡＢＡ（Applied Behavior Analysis：応用行動分析）メソッドと呼ばれるものがあります。ＡＢＡは、人の行動の理由や目的を、環境などの「背景」に着目して分析するというものです。

ここで、ＡＤＨＤの子どもがわざと騒いでいるわけでも、ＬＤの子どもにやる気がないわけでもなく、そして発達障害は親のしつけに問題があるのでもない…ということをもう一度思い出してみましょう。ＡＢＡの考え方の根っこもそれと一緒です。子どもが困った行動をとったとき、その原因を本人の性格ややる気、親のしつけなどに見ようとするのではなく、行動の背景から探っていこう、というやり方がＡＢＡである、といえます。そして行動の背景に着目することで、ＡＢＡを通して子どもの特性をより深く理解することも可能です。

ＡＢＡでは、行動について理解するために、その行動、そして前後の過程を3つに分けて分析します。それが「ＡＢＣ分析」です。

ＡＢＣ分析の「Ａ」「Ｂ」「Ｃ」は、単純なアルファベットの並びではなく、「Antecedent：先行条件」（行動する前の「状況」）、「Behavior：行動」（本人の「行動」そのもの）、「Consequence：結果事象」（行動の「結果」がどうなったか）のことです。行動だけに着目して思い悩むのではなく、その前後の状態にも着目すると、たとえば「行動」を改善するために「状況」（本人の置かれた環境など）を変えることで、問題のある行動を起こすきっかけ自体をなくしてしまえるのではないかという気付きが得られることもあったりします。

　ちょっと専門的で難しいと感じられるかもしれませんが、問題とその前後の過程を３つに分けて考えるのは、実は意外とシンプルなやり方です。この後のページで、わかりやすく説明していきます。

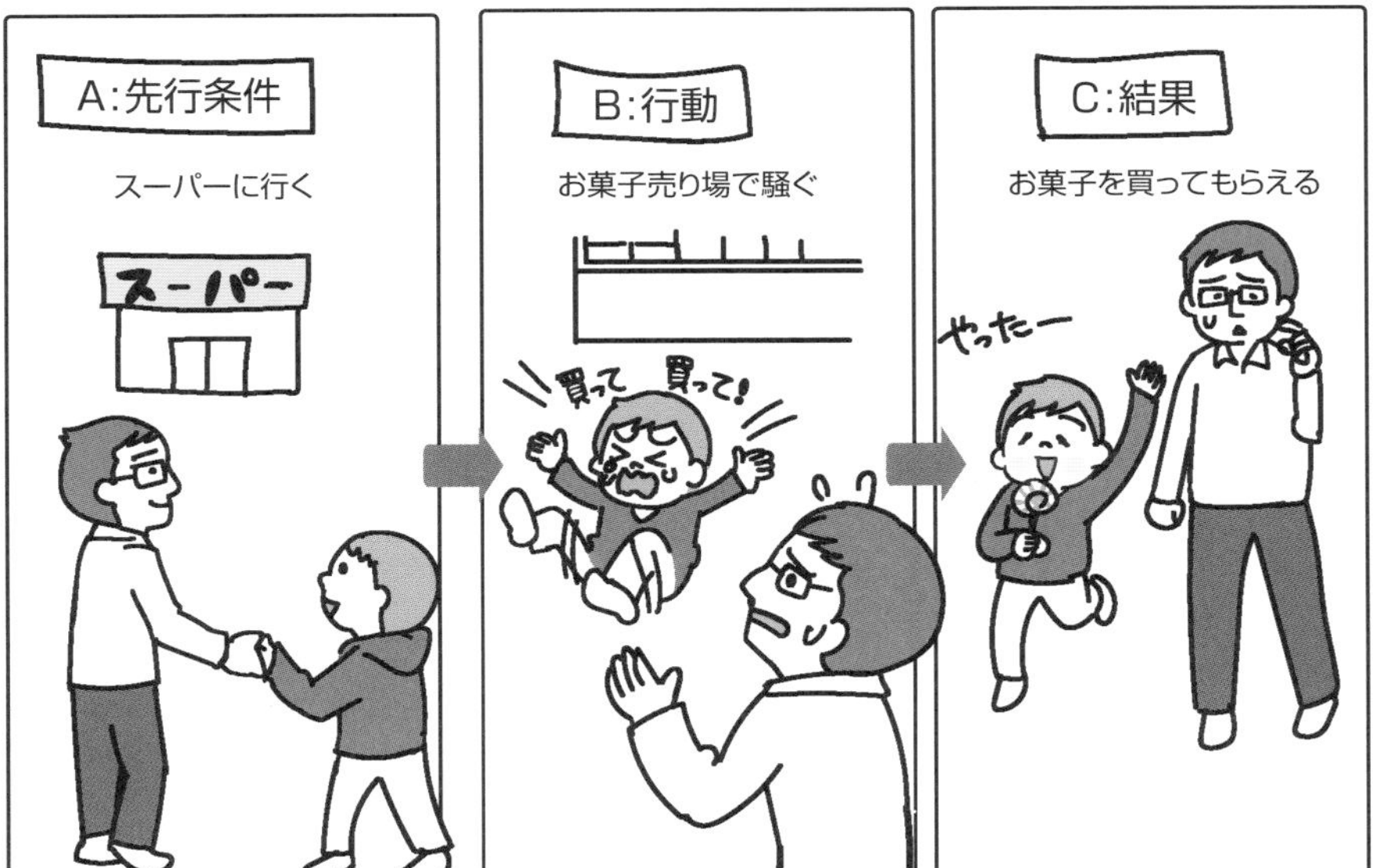
A:先行条件
スーパーに行く
スーパー
B:行動
お菓子売り場で騒ぐ
買って
買って！
C:結果
お菓子を買ってもらえる
やったー

強化と弱化

よい経験・いやな経験から導かれる行動のパターン

「A（状況）」「B（行動）」「C（結果）」の例を、ひとつあげてみましょう。ADHDの特性が強く出て、突然大きな声を出したりすることがよくあるKくんは、ある日の外出で、電車に乗っている間に一度も大声を出しませんでした。電車を降りたあとに、お母さんは「Kくん、電車で静かにできたねえ、えらかったねえ！」とやや大げさにほめました。何度かそんなことがあって、その後もKくんが大声を出すことはありますが、不思議と電車内では静かにしていることが増えたのです。

これをABC分析に当てはめると、「A＝電車に乗った」「B＝大声を出さなかった」「C＝お母さんにほめられた」となります。この場合、Kくんはほめられるというよい経験が何度か続いたために、電車で静かにしていることが増えたのでは、と推測することが可能です。このように、特定の同じ状況で特定の行動が増えることは「強化」と呼ばれます。

一方、お母さんと大好きなハンバーガー屋に行ったKくんは、レジに並んでいる間に大声を出し続けたため、お母さんはハンバーガーを買わず、Kくんを連れ帰ってしまいました。これまた同じことが何度か続き、以後Kくんはハンバーガー屋で騒ぐことが少なくなりました。これは「A＝ハンバーガー屋に行く」「B＝並んでいるときに騒ぐ」「C＝ハンバーガーが食べられない」となり、そのイヤな経験が続いたために大声を出すことが減ったと推測できます。このように、特定の状況で特定の行動が減ることを「弱化」といいます。

「静かにしていることが増える」「騒ぐことが減る」この場合、意味としてはどちらも同じですが、ABAでは強化を増やすことが望ましいとされます。どうしても叱ったり罰を与えたりという形が多くなる「弱化」は、子どもの慣れで効果が弱まり、叱り方や罰がエスカレートしがちだからです。

●強化

A:電車に乗る
B:車内で騒がない
C:お母さんに
ほめられる
えらいね!

●弱化

A:ハンバーガー屋に
行く
B:並んでいる時に騒ぐ
わ
わ
C:ハンバーガーが
食べられない
もう帰るよ

ABC分析①　先行条件（状況）を変える

状況を変えると、行動と結果が変わることも

　Sくんはハンバーグが大好きです。ところが彼が食べる様子を見ていると、ハンバーグばかりを食べて、付け合わせの野菜はまったく食べようとしません。お母さんがどうにか野菜を食べさせようとしても、プイッと顔をそむけてしまい、食べさせることができません。

　この流れをABC分析に当てはめてみると、「A＝お母さんが野菜を食べさせようとする」「B＝顔をそむける」「C＝野菜を食べなくてよくなる」ということになります。これはつまり「ハンバーグだけが好きで、野菜は絶対に食べたがらない」ということですが、このような偏食は、本人に大好きなものがあるほど、ほかのものを食べられるチャンスでもあります。

　A＝先行条件（状況）をちょっと変えてみましょう。いきなり野菜をたくさん食べさせようとするのではなく、「野菜を一口食べたら、ハンバーグを食べようね〜」と声をかけてみます。いわば「交換条件」です。子どもの発達の度合いにもよりますが、これが意外とすんなり運んだりします。もちろん、野菜はほんの一口からでかまいません。

本人の行動＝Bだけに着目し続けていると、「どうしても野菜を食べてくれない…」ということになりがちですが、行動＝Bの前の状況＝Aを変えると、意外とスムーズにいくこともあります。たとえばハンバーグばかり食べて野菜を食べない子どもでも、レタスやピクルスがパンにはさまったハンバーガーなら、食べることもあったりするのです。

また、食事の時間をずらして、いつもよりおなかが空いた状態で食べさせると、驚くほど食べたりすることもあります。発達障害の特性を抱える子どもは、定型発達の子どもよりもはるかに「気分屋」です。状況＝Aを変えてみることで行動＝Bに改善が見られる可能性は、少なくありません。

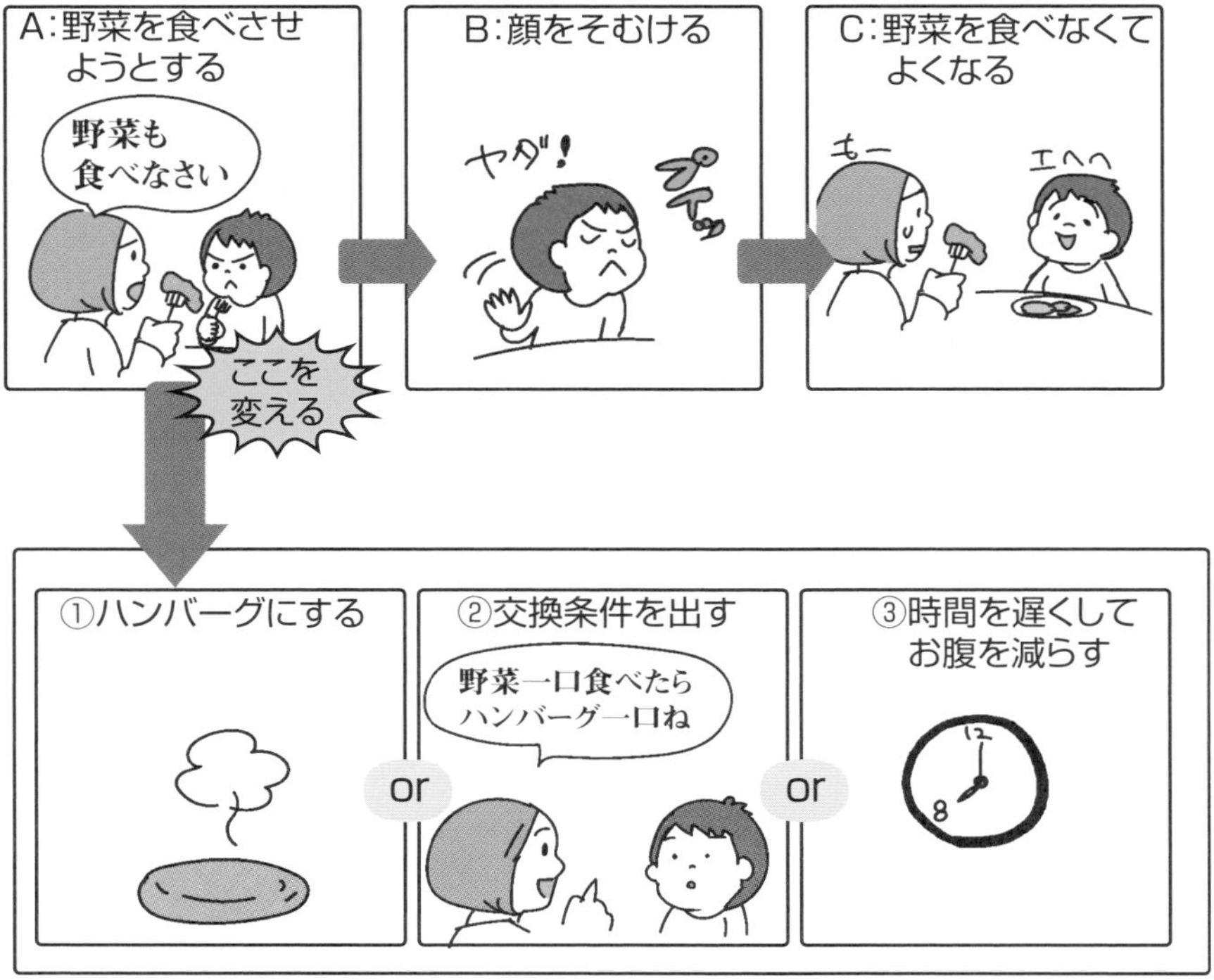
A:野菜を食べさせようとする
野菜も食べなさい
B:顔をそむける
ヤダ!
プイッ
C:野菜を食べなくてよくなる
もー
エヘヘ
ここを変える
①ハンバーグにする
or
②交換条件を出す
野菜一口食べたらハンバーグ一口ね
or
③時間を遅くしてお腹を減らす
12
8

「別の行動」に誘導する可能性を考える

ASDとLDの特性が半々であらわれているNちゃんは、こだわりがとても強く、家ではいつも、ずっとお母さんのそばにいようとする様子が見られました。中でも特に、お母さんが料理をしていると、どういうわけかちょっとハイテンションになり、お母さんが料理をしているところにすぐに手を出そうとします。もちろん料理中に刃物や火を使っているお母さんは、気が気ではありませんでした。困ったお母さんはNちゃんにいろいろと注意しましたが、Nちゃんはどこ吹く風、むしろ楽しそうに見えたのです。

この流れをABC分析に当てはめてみると、「A＝お母さんが料理をしている」「B＝そこに〝ちょっかい〟を出そうとする」「C＝注意されても楽しげな様子」となります。

悩みに悩んだお母さんが結局考え付いたのは、行動＝Bを変えてみようとすることでした。お母さんは思い切って、Nちゃんに料理を手伝わせることにしたのです。最初はハンバーグをこねる、すり鉢でごまをする、お米を研ぐなどの安全な作業から始めて、それから包丁や火を使うような調理にも少しずつ手を広げていきました。

Nちゃんの料理の腕前は、たちまち上達しました。中学生になったNちゃんは、今や魚を3枚に下ろしたりするのもお手の物で、ほとんどプロ顔負けです。LDの特性のため学校の通知表の成績は相変わらずですが、成長とともに過度のこだわりが少しずつ減る一方で、絵の才能も発揮して、美術だけはいつも「5」をもらっています。

お母さんは、料理中に「〝ちょっかい〟を出す」行動をやめさせるだけでなく、Nちゃん自身も料理に関わるという「別の行動」に導くことができました。子どもの様子をよく観察し、熱中できることを見つけることで、問題行動を少なくできることがあります。

A:ママが食事の準備をしている
トントン
B:ちょっかいを出す
あぶないな〜
キャー
キャー
ここを変える
C:ママがかまってくれる
あっちで遊んでなさい！
キャッキャッ
子どもにもできそうなお手伝いをさせる
おもしろーい
こねてくれる？
ざらざらしてるー
お肉をこねる
お米をとぐ

ABC分析③　結果を変える

環境を整えて、よい習慣に結び付ける

ＡＳＤとＡＤＨＤの特性を併せ持つＺちゃんは寝つきが悪く、お母さんは頭を悩ませていました。絵本を読み聞かせたりしてもまったく眠る様子のないことが日常的に見られ、何冊も読み聞かせを続けて疲れたお母さんが眠ってしまいそうになっているのに、Ｚちゃんはお母さんを叩いたりして読み聞かせを続けさせようとしたり、布団を飛び出しておもちゃで遊び始めたり…といったことが続いていたのです。保育士さんに聞いたところ、保育園でもお昼寝をしてくれないことが多いといいます。

この様子をＡＢＣ分析に当てはめてみると、「Ａ＝眠る時間になった」「Ｂ＝眠らないで遊ぶ」「Ｃ＝そのまま遊んでいられる」となります。

発達障害の子どもの寝つきが悪い場合、状況＝Ａを変える方法もたくさん考えられますが、Ｚちゃんの親御さんは結果＝Ｃを変えられるようにトライしました。「そのまま遊んでいられる」という「結果」を変えるには、遊んでいられる状態になりにくいよう、環境を変えることが重要です。Ｚちゃんの家では、おもちゃやゲームなどは就寝時にしっかり片付けてしまうことを徹底

し、またスマホやタブレットなどは就寝予定の1時間前には使用をやめるようにしました。

Zちゃんが抵抗することも多く、すぐに効果があらわれたわけではありませんでした。しかし、ASDの特性のため元々ルールを守ることに強いこだわりがあったZちゃんは、成長とともに「○時に片付ける」「○時に布団に入る」ということがスムーズにできるようになっていったのです。

保育園では相変わらずお昼寝ができないZちゃんでしたが、「お昼寝の時間は眠れなくても静かにする」ということを保育士さんたちが根気よく言い聞かせ続けた結果、お昼寝の時間に騒ぐことは少なくなったのでした。

A：寝る時間になる
もう寝る時間だよ
B：寝るのを拒否する
やだよー
C：ずっと遊んでいられる
ここを変える
おもちゃなどをすべて片付ける
全部しまったからね
何もない
つまんない

経験の繰り返しで問題行動が消えることも

ディズニーのアニメが大好きなHくんは、買い物に出るたびにディズニーのDVDを欲しがり、自分の思い通りにならないとお店の床にひっくり返って大泣き…というのが日常茶飯事でした。周囲を気にして根負けし、結局DVDを買ってしまう、しかもすでに家にあるのと同じDVDまで何枚も…ということが繰り返されたあと、専門家のアドバイスを受けて意を決したお母さんは、お店に入るときに「今日はDVDは買わないよ。泣いたり暴れたりしたらお店を出るからね」と声をかけ、Hくんに「うん、わかった」と約束させることにしました。そして、Hくんがそれでも床を転げ回って泣いたときには、周りに迷惑だとは思いながら、思い切って無視し続けるようにしたのです。そのようなことが繰り返されるうちに、Hくんはお店で泣きわめくことが少しずつ減っていき、やたらとDVDをねだることも少なくなったのでした。

これは「A＝買い物に行く」状況で、「B＝泣きわめく」行動を起こせば「C＝DVDを買ってもらえる」という結果を得るこれまでのパターンが通用しないと学習したということです。その学習によりＨくんは行動を変え、それによって結果も変わったという「弱化」の一例です。そのような経験を繰り返すことで学習し、問題行動が起こらなくなる「消去」につながることがあります。

このように、問題行動を敢えて無視することで問題行動を消去するというやり方は、親や周囲の関心を引こうとして問題行動を起こすタイプの子どもにも有効です。一方で、ただ無視するだけでなく、子どもが落ち着いて冷静になったあとには「よく我慢できたね、えらいね」とほめたり、「どうして泣いちゃったのかな？」などの言葉で子どもの気持ちに寄り添ったりすることも大切になります。

また、１６５ページでも説明したとおり、よい行動などを積極的にほめるという「強化」は、弱化以上に重要といえます。

弱化
買って買って！
買わないよ
子どもが騒いでも泣いても
絶対に買わない

消去
騒いでも泣いても
結局買ってもらえないや
子どもは学習して
騒いだり泣いたりしなくなる

できるだけ詳しく記録を取るようにしよう

ここまで「ABC分析」について説明してきましたが、現実の生活の中では、子どもの行動とその前後の流れを必ず3つに分けて分析するということが簡単にはできない場合もたくさんあります。また、ABC分析に沿って状況・行動・結果のいずれか、または全部を変えるように試行錯誤しても、なかなかうまくいかない場合もあったりすることでしょう。

ABC分析は、子どもの行動についてできるだけたくさんの「仮説」を用意して、それらをひとつひとつ検証していくための枠組みです。もし3つに分けることが困難だったり、困りごとがなかなか解決しないときには…これまでの説明をひっくり返すように聞こえるかもしれませんが、3つに分けて考えるのをいったんやめてしまいましょう。

仮説を立てるのにもそれを検証するのにも、何より必要なのは、子どもの様子をよく観察することによって得られる、さまざまな事例や情報です。それは多ければ多いほどよく、多すぎるということはありません。まずは子どもの様子をよく見て、その状況をできるだけ詳細に記録するように習慣付けましょう。

その際に大切なのは、状況を見たままに記録することです。つまり、親御さんの主観や思い込みが入らないように気を付けます。「こう思っているのかも」というのは、いざ仮説を立てる段では必要になってきますが、状況をただ「記録」する時点では必要がないことです。そして起こった事実だけを詳細に記録すればするほど、それらを改めて整理したときにはＡＢＣ分析の３つに当てはめやすくもなっていくはずです。

ＡＢＣ分析に沿って試してみたことがうまくいかない場合も、記録をきちんと取っていれば、何が効果的で、どこがうまくいかなかったのかを検討しやすくなります。「お母さんがこうしてみるとこうだった」「お父さんがああしてみたらこうだった」など、それぞれの対応をすり合わせることも容易になることでしょう。

とりあえずいったん
行動を記録しておこう
サラサラ
ABC分析によると
今のは…
もしかして
こう考えているのかしら

別の行動に誘導して、問題行動を減らす

Tくんはそのへんにあるものをやたらと叩くことがありましたが、試しに太鼓を与えてみると、笑顔で、しかもリズムよく叩き続けることができ、家族を驚かせました。ものを叩くのは、「感覚刺激」を求めているためと考えられています。Tくんには太鼓が与えられましたが、このようなアプローチは「代替行動の提示」と呼ばれます。太鼓を叩いている間は、ほかのものを叩くことはできません。そのように、問題行動と同時にできないような代替行動に誘導し、それをほめて強化することで、問題行動が見られなくなることがあります。Tくんは太鼓を「うまいうまい！」とほめられ続け、ほかのものを叩くことが次第に減りました。

子どもが問題行動を起こす場合、それには必ずはっきりした理由や目的があります。「感覚刺激を求める」以外にも、「要求」（おもちゃをねだってひっくり返って泣くなど）、「拒否・逃避」（病院に行きたくないときに暴れるなど）、「注目を求める」（親や保育士などに注目されようとして、置いてあるものを倒したりひっくり返すなど）が主なものとして挙げられます。

子どもがおもちゃをねだって泣きわめく場合、なだめようとおもちゃを買い与えればその場は収まりますが、同じようなことは必ず繰り返され、しかも次第にエスカレートしていきます。ものを倒した子どもが親に注意された場合も、子どもは注目されることに成功したと感じてしまい、やはり同じことを繰り返す可能性があります。その場しのぎ・場当たり的な対応では、問題行動は抑えられず、繰り返されるようになってしまうのです。

代替行動の提示は、子どもに問題行動を繰り返させない、エスカレートさせないために有効な対処法のひとつです。弱化によって問題行動を減らそうとするのではなく、問題のない代替行動を増やし、それを強化することで問題行動が自然に減るように誘導していくのが、子どもにとっても望ましい対応なのです。

帰りたくない！
ギャー
あっ6時だ！
あの番組もう始まっちゃう！
お母さん帰るね！
帰るー！

選択肢を示し選ばせる

「自分で選んだ」実感を持たせることが大事

お母さんに「宿題があるんでしょう？　早く勉強しなさい！」と言われたYくんは、「今やろうと思ってたのに！」と怒鳴って、家を飛び出してしまったことがあります。間もなく見つかったのでよかったのですが、警察に捜索願を出す寸前となった出来事でした。

発達障害の有無にかかわらず、多くの子どもは親から何かを高圧的に命じられると、ほとんど反射的に強く反発するものです。発達障害の特性を持つ子どもは大半が言い知れない不安を抱えていて、一番近い関係にある両親から強い言葉をかけられると、さらに不安定になってしまいます。Yくんが本当にすぐ宿題をやろうと思っていたのかは別として、お母さんには違った声かけの必要があったかもしれません。

そこで有効なのが、極力ライトで明るい感じの声かけを行い、そのうえで選択肢を提示して、本人が主体的に選択している感じを演出することです。

「宿題あるんじゃなかったっけ？　やっといた方がよくない？」「…」「じゃあさ、今すぐやる？　6

時半からやる？」「んー６時半からやる」…こんな具合に進むことばかりではないかもしれませんが、とりあえず子どもが自分自身で選んだ選択肢は、実行される可能性がぐっと高くなります。

肝心なのは、とにかく親に強制された感じを与えないことです。実際には親の指示を実行してもらうためなのだとしても、子ども自身の選択でものごとを行うのだ、という感覚を持ってもらうことを心がけましょう。

その際に重要なのは、なるべく「圧」を感じさせず、いかにも楽しいことを選択してもらうかのように声をかけることです。それには多少の演技力が必要かもしれませんが、経験を積み重ねたその先には、子どもが自分のやるべきことを、言われずとも自主的に行う…という未来が期待できることでしょう。

○
ピーマンから食べる？
人参から食べる？
or
×
ピーマンも人参も食べなさい！
and

トークンシステム

スタンプラリーを日常に取り入れる

「〇〇パン祭り」や「××スタンプラリー」のように、シールやスタンプ、あるいはポイントを集めることで景品などがもらえる仕組みは、「トークン（引換券）システム」と呼ばれています。子どもの頃、夏休みの朝に早起きしてラジオ体操のスタンプをもらうことに熱中した人もいるかもしれません。そのことでもわかるとおり、たいていの子どもはトークンシステムが大好きです。

そこで、子どもがよい行動を積み重ねられるように、トークンシステムを取り入れるという手が考えられます。

自閉症のFくんは小さい頃にトイレトレーニングがなかなかうまくいかず、そのため10代になってからも、強い便意を感じると、ほとんどおむつと同じような感覚で、その場で立ったまま、ズボンも脱がずに排便してしまうということが時々ありました。

そこで試すことになったのがトークンシステムです。お母さんがスタンプを押すための台紙を作ってトイレのドアに貼り、「うんちはトイレで座ってしまいましょう。ちゃんとできたらここにスタンプを押します。スタンプが10個たまったら、Fくんの大好きなナポリタンを食べに行けるよ！」と声をかけました。

知的発達の遅れを伴う自閉症のFくんは、すぐに完璧にトイレを使えるようにはなかなかなりませんでしたが、ちゃんとできたときに増えていくスタンプには目を輝かせるようになりました。それに伴って排便の失敗は目に見えて少なくなり、ナポリタンを食べてご満悦の機会も多くなったのです。

この場合に大切なのは、たとえ失敗したときでも強く叱らず、本人のやる気を削がないように、継続していけるようにすることです。「残念、今回はダメだったか…でも次はきっとちゃんとできるよ！」など、常に前向き・ポジティブな言葉をかけて、子どもの頑張りを後押しすることが重要です。

すごいねー！
10コたまったら
好きなもの食べに行こうね
TOILET
トイレスタンプ
ゴール
8コめはるー！

パニックや暴力に対処するために

176ページで「代替行動」について説明しましたが、ものを壊してしまう「破壊行為」や、自分の体を傷つける「自傷行為」が目立つ子どもには、壊してしまうものや傷つけてしまう自分の体の代替になるようなものを与える、という対処法があります。

単純な対策に思えるかもしれませんが、パニックになると家や教室にあるものを壊してしまうという子どもには、壊しても問題のないものを与えるようにしましょう。たとえば「割りばし」を大量に与えて「これはいくらでも折っていいからね」と声をかけると、パニックになったときに割りばしを折り続けるだけで、ほかのものを壊さずに気分が落ち着くことがあります。割りばしは大袋入りの「お徳用」なども売られていますので、ほかのものを壊されるよりはかなり安上がりだし、問題も少ないはずです。

自分の頭を何度も壁にぶつける、頭や顔を強く叩くなどの自傷が見られる子どもの場合、たとえば柔らかいゴムのボールや、厚めのクッションなどを与えて、「これに頭をぶつけていいよ」と言うと、それに何度も頭をぶつけることで気分が落ち着くことがあります。

また、パニックや暴力などを予防するという観点から、子どもが怒りやイライラをコントロールすることを目的とした教材も販売されています。

たとえば教育技術研究所から発売されている「アンガーコントロールトレーニングキット」は、子どもが自分の気持ちや感情について、マイナスの感情をプラスの言葉に導く「フラッシュカード」や、怒りの感情の強さを子どもが認知できる「いかりのおんどけい」などを使って視覚的に理解を深めながら、子どもが自分の怒りや不快の感情を上手に伝えたり、怒りの感情をコントロールするトレーニングができるように工夫されています。ネット通販で簡単に入手できるので、チェックしてみるとよいでしょう。

いかりのおんどけい

イライラくん、
どれくらいのところに
いるかな?
貼ってみよう

厚めのクッション

ボス ボス

多動の子どものために考えられたツール

発達障害の子どもは、「感覚刺激」を求めることからそのへんのものをやたらと叩いてしまったりすることがある…というのは176ページで説明したとおりですが、感覚刺激を欲する「感覚欲求」（センサリーニーズ）に応じて、子どもたちの感覚に働きかけることで、さまざまな行動を調整しやすくなる学習補助教具というものがあり、それらは「センサリーツール」（感覚刺激教具）と呼ばれます。たとえば、鉛筆をかじってしまう子どものために、敢えてかじることを目的としてつくられた鉛筆キャップなどです。

それらの中には、子どもに適切な感覚刺激を与えることで、ADHDの主な特性である多動の弊害を解消しようとするツールもあります。たとえば、かじれる鉛筆キャップ「かじれるくん」と同じセンサリーツール研究所が開発した「ふみおくん」がそうです。これは椅子の脚などに取り付ける一種のゴムひも、あるいはバンドのようなもので、授業中に子どもが動きたくなったとき、足元に装着された「ふみおくん」をビヨンビヨンと踏むことで、椅子をガタガタ動かしたりすることがないまま、好きなだけ動く機会をつくることができます。音はほとんど出ず、周りの子どもには迷惑をかけずにその場で「動く」ことができ、子どもが離席したりせずに落ち着いて机に向かうことが可能になるのです。

最近の研究では、ＡＤＨＤの子どもは、注意したり叱ったりして無理に静かにさせようとするのではなく、むしろ体を動かしながらの方が学習に集中できるということがわかっています。その研究を踏まえて考えられたのが「ふみおくん」をはじめとしたセンサリーツールです。多動そのものをなくしてしまうのではなく、大きな音をたてたりせずに安心して気持ちよく感覚刺激を得られるようになっているすぐれものです。

また、手に持って使うタイプのセンサリーツールも、いろいろなものが出ています。

ふみおくん

かじれるくん

行動の切り替えを助けてくれるツール

発達障害の子どもの多くは、ひとつの行動から次の行動へと切り替える「シフティング」が苦手です。シフティングをスムーズに行うためには、タイマーが使われることが多いですが、発達障害の子どもはタイマーの数字を見ても、残り時間がどれぐらいあるのかを量的な概念としてとらえることができず、イメージをつかみにくいうえに、聴覚過敏のある子どもにはアラーム音がうるさく感じられてしまったりもします。

そこでお勧めなのが、アメリカのタイムタイマー社が製造し、日本では株式会社ドリームブロッサムが代理店となっている「タイムタイマー」です。タイムタイマーは残り時間が針の位置やデジタルな数字ではなく、文字盤の色分けされた面積で表示される、ユニークなつくりになっています。「残り時間が少なくなっていく」というのが、色分けされた面積が減っていくという量的なイメージとして視覚的に示されるので、発達障害の子どもにもわかりやすいのです。また、静音設計で作動音がほとんどせず、アラーム音も短めになっています。

もうひとつ、ハイテクなタイムタイマーとはまるで真逆ですが、シフティングに有効なのが超アナログな「砂時計」です。

砂時計…と書くだけで、説明がなくとも有効性をイメージできる人も多いかもしれません。カラフルな砂が落ちていく様子で残り時間を知らせてくれる砂時計は、残り時間を量的にイメージするにはもってこいです。

砂の落ちる時間が異なる砂時計をいくつか用意しておくと、そのときに取り組もうとしていることに合わせて使い分けることができますし、取り組む内容によっては子ども自身に何分でやるのかを選んでもらうのもよいかもしれません。子どもが自分から時間を区切って行動を切り替えようとすることにもつながるはずです。また、使用しないときにはかわいいインテリアにもなります。

砂時計
あともう少しで終わる！
タイムタイマー
あと45分か
チッチッチッ

おわりに

本書を最後までお読みいただきありがとうございました。いかがでしたでしょうか?

「この特性はまさにうちの子供のことだ」、「いや、この特性が当てはまらないな」という感想が聞こえてきそうです。

それでいいのです。

「はじめに」でも述べさえていただきましたとおり、「いかに一人一人の特性に合わせていくか」が重要なのです。そのような意味では、お子様の特性の傾向が見えてきたのではないかと思います。そうなれば本書の役割を果たしたことになります。その上で、本書のさらなる活用の仕方をお知らせしたいと思います。それは、「お子様の特性をしっかりとその子を支える支援者同士で共有すること」です。本書を読まれたその子を支える支援者の方が、ぜひその子の当てはまる特性に付箋を貼ったり、その子の特性をメモなどにまとめたりして、同じくその子を支える、保護者や先生・事業所の職員の方などにお知らせをしてほしいのです。

実は、教員時代も現在の発達支援コンサルの仕事をしていても、発達障害の子どもが支援の結果、全く変わらない事例をいくつも見てきました。

その共通点は、「その特性を共通認識しないため、支援の方向性がバラバラだった」ことでした。

「学校での支援に不満がある、家庭では強く叱って躾けるしかない」、「家庭でやっていることが全くなっていないから、学校でも変わらない。学校できることはない」、このように支援者の支援方向がバラバラだと変わるものも変わりません。

「この子の特性は3つある」
「その特性一つ一つに支援者全員が同じ支援をする」
「そして、その支援がよかったかを一つ一つ検証し、常に修正をしていく」

この過程の中で、発達障害の子どもは大きく変わっていくのです。発達障害の子供達の明るい未来は、まさに、今彼らを支えている大人たちの手にかかっていると言っていいでしょう。本書がそのような役割の一助を果たせたらこれほど嬉しいことはありません。どうかご活用ください。

小嶋悠紀

参考文献

・『発達障害・グレーゾーンの子がグーンと伸びた 声かけ・接し方大全 イライラ・不安・パニックを減らす100のスキル』小嶋悠紀 著、かなしろにゃんこ。イラスト・マンガ（講談社）
・『イラスト図解　発達障害の子どもの心と行動がわかる本』田中康雄 監修（西東社）
・『発達障害の子どもを伸ばす魔法の言葉がけ』shizu 著、平岩幹男 監修（講談社）
・『発達の気になる子の困ったことを「できる」に変える ABAトレーニング』小笠原恵、加藤慎吾 著（ナツメ社）

監 修

小嶋悠紀（こじま・ゆうき）

1982年生まれ、株式会社RIDGE SPECIAL EDUCATION WORKS代表取締役、発達支援コンサルタント、元小学校教諭。信州大学教育学部在学中に発達障害がある人を支援する団体を立ち上げ、代表を務める。卒業後は長野県内で教員を務めながら、特別支援教育の技術などをテーマに全国で講演を実施。県の保育士等キャリアアップ研修や、幼稚園・小学校・中学校・高等学校・特別支援学校の養護教諭むけの研修なども担当する。2023年より現職。直接の指導や支援会議への参加を通じてこれまで2000人をこえる子どもの支援に関わり、センサリーツール「ふみおくん」の開発にも携わった。おもな著作に『発達障害・グレーゾーンの子がグーンと伸びた 声かけ・接し方大全 イライラ・不安・パニックを減らす100のスキル』（講談社）、『発達障がいの子供を“教えてほめる”トレーニングBOOK』（明治図書出版）、『小嶋悠紀の特別支援教育 究極の指導システム1』（教育技術研究所）などがある。

Book Staff

イラスト：ふじいまさこ

執筆協力：大越よしはる

カバーデザイン：bookwall

校正：ペーパーハウス

イラストでわかる 特性別《とくせいべつ》
発達障害《はったつしょうがい》の子《こ》にはこう見《み》えている

発行日　2023年 12月 10日　第1版第1刷
　　　　2024年 10月 21日　第1版第6刷

監　修　小嶋《こじま》　悠紀《ゆうき》

発行者　斉藤　和邦
発行所　株式会社　秀和システム

〒135-0016
東京都江東区東陽2-4-2　新宮ビル2F
Tel 03-6264-3105（販売）Fax 03-6264-3094

印刷所　三松堂印刷株式会社　Printed in Japan

ISBN978-4-7980-7111-4 C0037

定価はカバーに表示してあります。

乱丁本・落丁本はお取りかえいたします。

本書に関するご質問については、ご質問の内容と住所、氏名、電話番号を明記のうえ、当社編集部宛FAXまたは書面にてお送りください。お電話によるご質問は受け付けておりませんのであらかじめご了承ください。